致勇敢的女孩

嗨!我叫塞西。很高兴能与你相识——我真希望我们是面对面相见,而非仅仅在这本书的字里行间。我感觉我们会很喜欢彼此。不过现在,我们不妨尽情畅想一番,倘若我们当面相会,那会是怎样的情景。

且让我们先从往事说起吧,或许你最近一直被烦恼萦绕。

你是不是一直以来都有点担心朋友对你的看法?担心当你说出那些有时连自己

都觉得有些尴尬的话语时，他们是否有所察觉，抑或是他们只是佯装未曾留意。而事后，你又会在脑海中反复回想说过的话，试图从他们的反应中揣度那话语是否真的尴尬，以及他们是否还乐意继续和你一起玩。你的思绪就这样如车轮般一遍又一遍地循环往复，纠结于此。

或许，仅仅是和他人相处，都会让你感到紧张。与成年人相处倒还好，但与同龄人相处就是另一回事了。你很难弄清楚该说些什么，也不知道什么时机说合适。甚至在一些比较随意的社交场合，比如吃午饭或者参加团体活动的时候，都搞不清楚该与谁搭话。因此，打退堂鼓或者完全躲避这些场合就变得更容易了。但问题是，你越是退缩，就越难再次融入其中。这种担忧会让你不断地自我消耗，以至于和别人在一起的时候，满脑子想的都是这个。结果，你和家人以外的朋友相处的时间越来越少了。可错过社交活动的遗憾与焦虑又会一直困扰你。

又或者，上一轮流感侵袭之时，你曾有过呕吐的经历。如今，但凡身体稍有不适，哪怕仅仅是胃部泛起一丝异样之感，你便会不由自主地担心自己是否会再度呕吐。最后，单单是对生病这件事想太多，就会让你陷入不适的泥沼。

再或者，夜深了，你却难以入眠。只因脑海之中，那些令你担忧的事情如电影般循环播放，不肯停歇。

也许你从小就爱担心事，忧虑的主题也随时间不断变化。在学校里一听到别人谈起焦虑这回事，你就会联想自己是不是也有类似的状况。也可能你已经深信不疑,自己身上出现的就是焦虑了。

当焦虑来袭时,你会觉得很难受,不过你也能找到一些让自己舒适的办法,比如数偶数、轻轻敲东西、洗手或者反复检查物品等。或许,你在睡觉前有自己的小仪式,会做些让自己稍感慰藉的事,尽管这些举动看似有些荒诞不经。

你有可能还会担心自己陷入焦虑,倘若最近的那次的确是惊恐发作,那下一次,它也可能会在某个时刻猝不及防地降临。

现在,让我们设想一下,假如父母已经注意到你有点不对劲了。他们之所以察觉到,是因为你深居简出,喜欢长时间待在自己的卧室中;或是你因头痛而时常缺课;或者不像从前那么热衷和朋友一起玩了;也可能是你主动跟他们提及自己的状况,而他们回应道:"是时候找个人谈谈了。"

这些话听起来有点吓人。跟一个素未谋面之人"谈谈"那些深藏于内心的事,难免会让人觉得忐忑不安或者局促尴尬。

不过,情况也可能并非如此。你可能也有正在接受心理咨询的朋友,而你也一直好奇这是否对你也有所帮助。你或许本想跟父母提起这个话题,却又不知该如何开口,也拿不准他们会不会觉得你有什么问题。

于是,此时,我就该登场了。

让我暂且打断这一番畅想,来郑重地告诉你吧:"你没有任何问题,真的没有——除非在你们年级里,每三个孩子里就有一个和你有一样的情况。那就另当别论了。你很正常，甚至比正常还要好上许多倍。"

我把故事的节奏打乱了，回归主题。那一天，你的父母告诉你，或者由你自己决定——是时候体验一下心理咨询了。于是，你被从数学课上叫了出来，来到我的办公室。你乘车来到了一座可爱的黄色房子前，周围环绕着白色的尖桩篱笆。

"我们真的要来这儿吗？"

"是的，"你的父母说道，"这里就是'明日之星'咨询中心。"

（"明日之星"是我每天和像你一样的女孩以及她们的家人共处的地方，我已在此工作了将近三十年。这么一听，我的年龄可比我自我感觉的要老得多呢！）

当你走进"明日之星"的前门，映入眼帘的是一个布置得别具一格的大厅。它看起来更像是一间陶瓷谷仓风格的客厅,这与你脑海中想象的心理咨询室可能不太一样。

迎接你的是一张张和蔼可亲的笑脸,他们热情洋溢地带着你参观这座房子。当你走到厨房里,甚至有人为你递上了爆米花。几分钟后,我从楼梯上走下来与你见面,身后跟着我的小小治疗助手——露西——一只黑白相间的哈瓦那小狗,像个毛茸茸的小球。

然后,我们上楼去我的办公室。我会坐在你对面,而露西很可能会亲昵地紧挨着你坐下或者直接

爬到你的腿上。接着，我们的谈心就开始了。

首先，我会告诉你，你和我说的任何事情都是保密的。我希望"明日之星"能让你感觉像是一个安心的避风港。同样，我期盼着你能感受到，这本书同样能成为你的安全之所。

- 一个能够让你深入洞悉自己内心想法，进而认识自我的地方。
- 一个能让你自由书写真实感受和所学所思的地方。
- 一个能让你进一步探寻那个本真的你，以及挖掘出命运赋予你内心深藏的无穷力量和勇气的地方。

给你父母看的那本书的英文原名之所以叫"勇敢",是因为,即便我们素未谋面,我仍坚信你本就勇敢无畏。至于我认为你勇敢的原因,我在后面会提及。就当下而言,仅仅是阅读这篇前言,便足以说明你勇气可嘉——你深知焦虑是你正在抗争的命题,并且你已然做好了战胜它的准备。我完全相信你有这个能力。

直觉告诉我,无论是父母为你买下了这本书,还是你为父母买下了这本书,我们都有着相同的信念。所以,尽管我们还没有见面,但请把我当作你的盟友吧,这就是我毕生的事业。我何其有幸,能够为世界上如你一样了不起的女孩加油鼓劲,她们就如你一样闪闪发光。我的爱犬露西和我都在从事这份意义非凡的事业,因为这份工作实在太棒了,况且,又有谁不想带着自己的狗狗去上班呢?

但愿，我已经赢得了你些许的信任，也希望你能够继续练习下去。我由衷地相信，在回答了这些提问和记录之后，你不但会掌握应对焦虑和忧郁的实用方法，还能在这个过程中更加真切地认识自己——发现命运赋予你内心的所有勇敢、力量和真心。

如何使用 Q&A

好吧,这其实算不上什么严肃的规则。它更像是一些指引,或者仅仅是几个需要注意的要点罢了。所以,把"如何使用 Q&A"这几个字划掉吧,真的,现在就可以拿起笔划掉它。

需要注意的几个要点

1. 这里没有错误的答案。还记得吗?我们的目的是让你更深入地探索自我。你内心的思考和感受都至关重要。所以，如果你擅长书写，就把它写下来；要是你更擅长绘画，也可以用画画来表达，或者画在附赠的手账本中。

2. 不必担心有人会发现这本 Q&A 和手账内容。当然，你的妹妹可能会悄悄翻看，那你不妨把它们藏在一个隐蔽的好地方。这也是我为何在书中给你的父母留言，让他们知晓这本练习册和手账是专属于你的——供你独自梳理情绪时所用。别害怕他们会发现这本 Q&A 和手账，或者因别人读到了你所写的内容而有所顾虑。把自己的感受记录下来或者画出来才是最重要的。在某些时候，我还会鼓励你勇敢表达自己的感受。

3. 对待自己要诚实。我们即将谈及的有些事情，可能会让人难以启齿。有时候，坦诚地陈述自己内心的困扰并非易事。尤其是当你一心想把事情做好时，更是难上加难，想必你大概就是这样的情况吧。我也是这样的人，所以感同身受。不过，唯有坦诚，这本书才能真正对你有所帮助。

4. 勇敢实践。这其实是最为关键的一点。无论是女孩还是其他人，无法战胜焦虑的首要原因就在于，他们没有将学到的对抗焦虑的技能付诸实践。因此，在陪伴你拥有勇气的过程中，我会给你布置不同类型的"作业"。我知道，这个词听起来并不讨喜，但这些"作业"其实是很有意思的。它真正的有趣之处在于：我确信，你一定会从中收获自信。尽管有时，这些"作业"可能会稍微有点难度。

5. 乐于分享。在第 2 点中，我说过你只需把想法写下来或者画出来就可以，但其实我更希望你能在与人交流时表达出来。我想让你明白,在困境中,你此刻的感受并非你一人独有,你并不孤单。同时,我也希望你与可以面对面交流的人倾诉,和那些能够及时给予你回应的人聊聊。我希望在这个"成长之旅"中,也有其他的队友为你加油打气,就像我一样。

那么,让我们开始吧……

给女孩的66问
Q&A

1 在你看来,这个时代的女孩成长之路尤其艰难的原因是什么呢?

017

2 那么,你最害怕的 3 样东西是什么?

019

3 那么,你最忧虑的 3 件事是什么?

4 我和很多女孩子聊过,她们脑海中会有各种各样的循环往复的念头。那么,让你思来想去的想法又是什么呢?

5　在你的世界里,忧虑都对你说过哪些话?

6 在给父母的书中，我给焦虑赋予了一个名称"忧虑私语怪"，现在，也给你的焦虑起一个名字吧。

到目前为止我们对"忧虑私语怪"的了解如下：
- 它是个习惯说谎的骗子。
- 它会让人陷入孤立。
- 它常令人心生迷惑，难辨真伪。
- 它还非常聪明，做事隐蔽。

7 如果让你在这里给你的"忧虑私语怪"(也许你起了新名字)写一封信,你想对它说些什么?

8 我想知道你的想法。你觉得,让自己感到忧虑的原因是什么?我所指的并非是你所忧虑的事情,而是你认为自己为何会陷入忧虑或焦虑之中。

031

9 在你的家族之中,你和哪位亲人最像?

10 你们二人在哪些方面最有相似之处?

11 请回忆并写下一段曾深深刺痛你的创伤记忆,或是一段让你深陷困境、满心焦灼的经历。回首这段过往,你可曾在其中看到了生活的希望之光?走过这段日子,你又是怎样一步步蜕变,成长为更强大的自己?如果此刻的你仍未察觉到自身变强大,不妨静下来,想一想,在那段艰难的岁月里,那股默默支撑你的力量,究竟想要对你诉说些什么?

12 在"科技助长了我的焦虑"这一列表中,你会写下哪些内容?

039

13　你会怎样描述科技给你的生活所带来的负面影响?

14 那么,科技带来的积极影响又有哪些?科技是如何助力我们的生活呢?

043

15　在科技给你带来的影响中，究竟是积极的影响更为显著，还是消极的影响更不容忽视？

045

16　如果你想要减少对电子产品的依赖，可以采取哪些有效的方法？

047

17　我希望你能为自己的时间分配制作一个饼状图把灵感激发时间、休闲时光（并非睡觉时间），还有"＿＿＿＿＿＿ 专属时刻"（填入你的名字，即你能够尽情地开展任意活动的时段）统统纳入考虑范围。（可以包括家庭作业、在校上课、参加体育锻炼、学习音乐、组织和策划领导力）

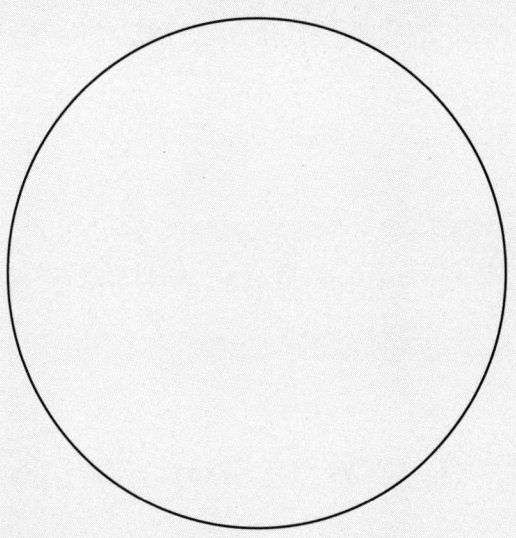

18 写下至少一件你觉得自己能够舍弃的事,如果能想到更多,那自然更好。

19 是什么因素让你在做这个决定时感到犹豫不决?

20 你拥有的天赋的"另一面"所带来的问题中,你觉得有多少与自身的情况相符?你又是如何看待自身天赋的反面在生活中的表现的?

21　那么,你今天会给自己的自信程度打多少分呢?

22 在上小学的时候,你的自信程度如何?

23 你觉得自己的自信程度为什么会下降?

24 和小时候相比,你发生了哪些变化?

25 画一个圆圈吧。在这个圆圈里,认真写下你认为自己拥有的 10 种才能,这些都是你与生俱来的特质,并不是在自夸。接着,在圆圈的旁边,写下 5~10 条"忧虑私语怪"向你灌输的谎言,那些都是它企图让你迷失自我的话术。

26 不妨回忆一下,在最近的日子里,你曾深陷焦虑漩涡的某个时刻。那是因为什么事情引起的?

27 你又做出了怎样的反应?

28 而你所采取的应对之举,又在多大程度上缓解了焦虑,效果究竟如何?

29 现在,请回忆一件发生在你童年时期,能够体现"抗争""逃跑"或"僵住"反应的事情,并把它写下来。

30 请你再写一件最近发生的类似的事件。

31 在感到焦虑或压力时,你最常借助哪些方式转移自己的注意力呢?

32 有没有这么一件事,当初你因恐惧而选择放弃,即便从未向他人倾诉,心底却始终对此后悔不已?

33　如果你的朋友正深陷焦虑之中,你会给出怎样的劝慰与鼓励?

34 回忆一下,焦虑是何时开始占据你的内心的?你的身体的感受如何?情绪又受到了什么影响?之后你采取了什么行动?又是如何应对并逐渐平复的?

我希望你把这些问题的答案写在下面,就如同此刻你正与我一同坐在我的咨询室里,面对面坦诚交流一般。

35 要是让你在超级英雄的轮廓上（悄悄告诉你，这个超级英雄其实就是你自己），把你第一次感到焦虑的位置画出来，你打算画在哪里？要不就在这里，认认真真画一个穿着超级英雄战衣的自己，然后详细写下，你在哪个部位最先察觉到焦虑以及那种感觉到底是什么样的？

36　假如你有能力改变某个被焦虑笼罩的时刻,你最想改变的是什么?

37 你在什么时候最容易感到焦虑？我希望你回想一下过去数月甚至数年里，最让你感到焦虑的十次经历。在这里把它们列出来，然后在旁边梳理出背后潜藏的共性特征，诸如变化因素、事态的不可预知性等。与此同时，留意这些焦虑时刻，是否集中出现在相似的场景或是特定的地点。

38 让我们在你感受到焦虑时做一做定身练习中的"5-4-3-2-1"吧,现在你要调动自己所有的感观:

- 此刻,她的眼睛所能看到的 5 样东西是什么?
- 此刻,她的耳朵所能听到的 4 种声音是什么?
- 此刻,她的身体所能感觉到的 3 样东西是什么?
- 此刻,她的鼻子所能闻到的 2 种气味是什么?
- 此刻,她的嘴巴所能尝到的 1 种味道是什么?

当你回答这些问题时,注意力便自然而然地重新聚焦于当下。

39 找一句你喜欢的关于应对忧虑的诗句或名言,作为你的座右铭。我希望这句文字能给你带来安宁与慰藉。把你所选的诗句写在下面吧。

093

40 请你花点时间想一想,要是把情绪从 1 到 10 划分等级,1 是最平静,10 是最激动,你最近一次情绪达到 10 级是什么时候?

41   后来是什么帮助你冷静下来的?

42 当你情绪达到顶峰的 10 级,无论是焦虑到极点的 10 级、悲伤得难以自已的 10 级、愤怒到失去理智的 10 级,还是被其他强烈情绪淹没时,到底是哪些方法让你慢慢冷静下来,回归平和的呢?

43 在第一栏,你要填下各类活动时间的名称,像专注时间、玩耍时间这些;在第二栏,写上你估算自己每周在各类活动上花费的时长。

评估表

时间类型	每周用时	评分

44 你最近心里有没有冒出过诸如以下此类、满是担忧的想法?请写 3 个在下面。

- 我忽然害怕,自己会不会病倒?
- 我开始忧心,我深爱的人会不会患上癌症?
- 我时常犯愁,这次考试会不会不及格?
- 我心里犯嘀咕,我的朋友们是不是在生我的气?

45 静下心来仔细回想下,有没有哪一次,你仅仅凭借自己的主观臆断,就认定了某件脑海里无端冒出的事情是真的,可直到最后才恍然大悟,原来事实根本不是那么回事?请你把这段经历写下来吧。

46 当"忧虑私语怪"在暗中作祟,让你不断贬低自我时,它究竟在向你传递着怎样的想法?

47 而且，我希望你能回忆一下，在下面写一写，最近做过的三件勇敢的事，你也可以写在你的手账本中。

48　在这些惯用伎俩里,"忧虑私语怪"最爱用哪一招对付你?

49 具体来说,"忧虑私语怪"都对你说了些什么话呢?

50 那么,当"忧虑私语怪"在你耳边喋喋不休时,你能想到并提醒自己的 10 条真理宣言是什么呢?

51 我们要把"忧虑私语怪"的惯用伎俩反过来用在它身上通过提出以下问题来打破它的"魔咒":

- 预判焦虑风险:"这件事真的有可能发生吗?它发生的概率究竟有多大?"
- 修正认知偏差:"这件事的背后,会不会还隐藏着更多不为人知的细节?事情的全貌会不会并非我现在看到的这么简单?"
- 克服反刍思维:"我现在这样反复地思考、不停地念叨,到底是有助于我解决问题,还是反而让情况变得更加糟糕了?"

- 破除灾难化想象:"事情真的已经糟糕到我所想象的那种不可收拾的地步了吗?还是我自己把它过分夸大了?"
- 避免自我贬低:"我为应对这件事做了多少准备?我的能力究竟如何?"或者你也可以换个角度问问自己:"要是赛茜看到现在的我,她会怎么评价我?她会觉得我做得怎么样?"
- 对抗遗忘倾向:"我最近都做过哪些勇敢的事情?那些经历是不是足以证明我有能力应对困难?"

52 在这里写几件你十分想要确切知晓的事情。

53 你认为能给自己带来舒适感的 3 样必需的事物，或者必须去做的 3 件事情是什么呢？

54　在哪些方面，你会发现自己总是在努力掌控局面？

55 你现在有没有正逃避着某件事,可内心深处又特别希望自己能鼓起勇气去做?

56 请你静下来,仔细审视自己当下的内心状态,要是让你用数字 1 到 10 来给自己此刻的焦虑程度打分,你会打几分?

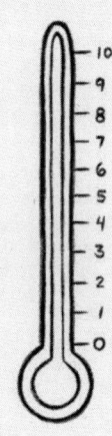

57 现在,就请你拿起笔,在下面认真地写下你的 5 个一直想做,但却因为焦虑没做的事吧。

58 我们可以从 5 个想做，但因焦虑而没做的事中，挑出最容易达成的。

在下面这个"阶梯"上，把这个最容易达成的事写在最顶端的台阶上。然后，我们来思考朝着这个目标前进的步骤。

59 我希望你能写下 5~10 条，小时候的你曾憧憬自己成为青少年时，期待会在自己生活中成真的事情。

60 花点时间思考一下,对照之前写下的每一个期待,如实记录下与之相关的当下生活的真实模样。

61 你经历过的一次苦难:

它教会我忍耐:

它塑造了你的什么品格：

它给予你的希望：

62 对于成长为一名女性这件事,你有怎样的感受?

"女人"这个词,在你心中又有着怎样的含义?

63 想想看,在你现在的生活里,谁是拖你的后腿的"地下室朋友"?谁又是与你关系忽冷忽热的"过山车朋友"?而那些给予你温暖的"阳台朋友"又是哪些?

- 地下室朋友

- 过山车朋友

- 阳台朋友

64　此刻,你能想到哪 3 条真理?它们可以是关于自我认知的感悟,也可以是你从启迪智慧的书籍里学到的那些在今天看来仍格外重要的人生道理。

65 此刻,可以想一想,生活中有哪 5 件事,是你打心底里感激的呢?

66　那么,仔细想想,究竟是哪 5 件事,帮助你成为了更好的自己?

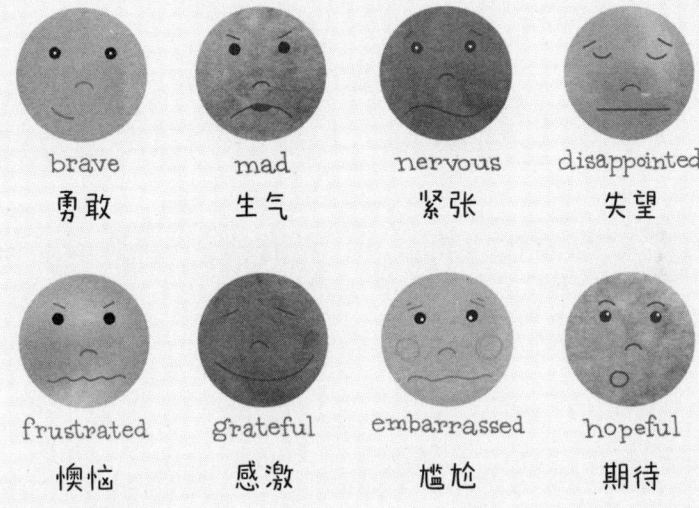

Brave
A Teen Girl's Guide to Beating Worry and Anxiety

焦虑的女孩

刻意练习帮青春期孩子 与不确定性共处

[美]塞西·戈夫（Sissy Goff）著
王超男 译

你正值青春期的女儿是不是总是无法与生活中的不确定性和失控感共处，用愤怒、好胜、完美主义的行为表达自己内心的焦虑情绪？

美国心理学家塞西·戈夫基于几十年为女孩做心理咨询和治疗后的积累及成果，撰写了一本给青春期女孩父母的实用家庭指导书籍。书中深入分析了青春期女孩焦虑情绪背后的成因，分享了切实可用的缓解方案，鼓励父母用科学的方式引导女儿利用自己大脑、身体和心理优势应对生活中的变化和不确定性。除此之外，书中还分享了大量有助于亲子连结的对话和活动，让父母用支持和爱辅助女孩建立勇敢、自信的生活态度，迎接未知的成年生活。

Brave: A Teen Girl's Guide to Beating Worry and Anxiety by Sissy Goff.

Copyright © 2021 By Helen S. Goff

This edition arranged with Baker Publishing Group through BIG APPLE AGENCY, LABUAN, MALAYSIA. Simplified Chinese edition copyright © 2025 China Machine Press Co., Ltd

All rights reserved.

此版本仅限在中国大陆地区（不包括香港、澳门特别行政区及台湾地区）销售。未经出版者书面许可，不得以任何方式抄袭、复制或节录本书中的任何部分。

北京市版权局著作权合同登记　图字：01-2024-4901号。

图书在版编目（CIP）数据

焦虑的女孩：刻意练习帮青春期孩子与不确定性共处 /（美）塞西·戈夫（Sissy Goff）著；王超男译.

北京：机械工业出版社，2025.6. -- ISBN 978-7-111-78526-2

I. G782

中国国家版本馆CIP数据核字第2025H3G130号

机械工业出版社（北京市百万庄大街22号　邮政编码100037）
策划编辑：丁　悦　　　　　责任编辑：丁　悦
责任校对：樊钟英　张　薇　　责任印制：单爱军
北京联兴盛业印刷股份有限公司印刷
2025年9月第1版第1次印刷
165mm×225mm・25.883印张・4插页・176千字
标准书号：ISBN 978-7-111-78526-2
定价：79.80元（含2本附加册）

电话服务　　　　　　　　　　网络服务
客服电话：010-88361066　　　机　工　官　网：www.cmpbook.com
　　　　　010-88379833　　　机　工　官　博：weibo.com/cmp1952
　　　　　010-68326294　　　金　书　网：www.golden-book.com
封底无防伪标均为盗版　　　　机工教育服务网：www.cmpedu.com

在"明日之星"咨询中心担任心理咨询师的近三十年时光里，我有幸见证了成千上万名女孩的成长。她们不仅教会了我，更向她们的父母展示了真正践行这一理念、这股力量、这种蕴含着希望的勇敢去生活究竟是何种模样。这套书是为女孩的父母和女孩而创作的。正是女孩们允许我走进她们的人生，一同经历悲喜，聆听她们于黑暗处发出的充满力量、美好与希望的"号角声"。光明总是会战胜黑暗。感谢你们带着一颗无畏的心勇敢向前，成为蓬勃生活、焕发生机的榜样。

致勇敢的父母

首先，感谢你的选择。如果你购买了这本书，我猜想，你身边是不是有个爱焦虑的女孩？或者你是不是在担心她会逐渐变成一个焦虑症患者？那么，我相信这本书会帮助你。

如今，焦虑问题已然不止普遍存在于美国儿童与青少年中，在家长群体中同样颇为严重。若父母有焦虑症状，其子女罹患焦虑症的风险可增至七倍。还有一些值得关注的情况：多数孩子在出现焦虑症状后，往往要过上两年才能接受有效的治疗，而未获得治疗的焦虑通常会愈发严重。

焦虑善于伪装，因为它常常看起来并不像焦虑本身。对于年纪尚小的女孩而言，它像是耍心机和发脾气。当女孩慢慢长大，它又摇身一变，成了争强好胜的 A 型行为模式（竞争意识强，对他人有敌意，易紧张和冲动），或是完美主义做派。它还表现为女孩对掌控欲的热衷，什么都想以自己为中心。随着时间流逝，让女孩感到焦虑的因素总在不断地演变。所以人们极易误以为，焦虑的种种迹象不过是某个阶段性的反应罢了。毕竟,当你刚开始察觉到女儿对离开你这件事表现出分离焦虑之时,那担忧似乎就戛然而止了。可几个月或几年之后,它又会冒头,表现为对坐飞机、呕吐或者其他风马牛不相及的事情的担忧。如此一来,这艰难的养育焦虑孩子的成长之旅便拉开了序幕,过程如同"打地鼠"一般让人心焦。我猜想,如果你家有个爱忧虑、爱操心的女孩,那她处于这种状态应该有相当长一段时间了。到这时候,即便你原本不是个爱焦虑的家长,看到这状况也足以让你变得焦虑起来了。

在接下来的正文中,我将为女孩们提供一些指导意见。我期望,对你们来说,阅读这本书,就如同我们亲密无间地坐在"明日之星"咨询中心中进行面对面交谈一样,能够给予你们实质性的帮助。囿于时空,我无法亲身陪伴你们,虽说我全心希望能够如此,但许多底层的准则依然适用——对女孩们适用,对父母们亦是如此。

首先,最为关键的一点便是尊重隐私权。这一点不是对孩子的要求,她有权随时向任何自己喜欢的人吐露心声。我当然希望她能跟你好好倾诉自己的烦心事,事实上,在《给女孩的66问里》我也会鼓励孩子这么做。但我还是要强调:这个隐私条款是针对家长的。在多年为女孩提供心理咨询的过程中,我已数不清有多少次听到家长说出类似这样的话"她把日记本落在书房，其实是希望我能看到。"青少年往往比较健忘，想必你也发现她经常落下东西了吧？要知道，只有当她在日记中所写的内容是坦诚的，这本日记才能发挥作用。而这种真诚表达的前提只能是：她深信，父母绝不会在她不在场时擅自翻阅这本日记。我明白你想要尽已所能地去帮助她，但我仍建议你将这本日记视作她的专属空间。每一位青少年都需要属于自己的空间来梳理那些纷繁复杂的情绪。

因此，以下便是你应当遵循的主要原则：

留给女孩足够的空间进行自我梳理。

战胜焦虑是女孩自己的分内之事，并非你的责任。

很抱歉这么说，我知道这话听起来有点不近人情。或许，你时常会忍不住想要出手"解救"她。而且，我料想，这么多年来你可能不止一次有这样的冲动。根据认知疗法专家大卫·克拉克（David Clark）和亚伦·贝克（Aaron Beck）的观点，在生活中，人们应对焦虑最常见的两种策略就是逃离与回避。我的意思不是说你在回避她，而是说你在插手帮助她逃离或者躲避那些让她心生焦虑的事物。倘若你已经这么做了，我深信你完全是出于一片好心。但是从逻辑上看，这两种策略其实并没有什么实际的帮助。我对焦虑的定义是："**焦虑往往意味**

着人们高估了问题的严重性,却低估了自身的能力。"因此,若想克服害怕的事,就得直面内心的恐惧。在后续的内容中,我会为女孩提供很多方法。要相信她有这个能力,克服焦虑这件事得由她自己去完成。

偶尔聊一些与她生活有关的开放性问题吧。

青少年一旦感觉父母像是在刨根问底地"审问"自己时,往往就会三缄其口(妈妈们,我并非专门指责你们,可是……)。切勿每日都对她进行询问,要给予她足够的空间去深思熟虑。不过,你倒可以时常问一些类似于这样的问题:最近学业上有什么新进展吗?对正在读的书有何见解?又或者,你最近学到什么新知识了吗?我常跟家长们讲,和青少年相处时,轻松舒适的态度最为适宜,同时也要表现得自在惬意。倘若你比她还心急如焚,她可能就会故意装作满不在乎的样子来回避你。

给她留点时间作出回应。

她或许不会立刻回复你的问题,可能需要时间好好斟酌一番,这并无大碍。还是那句话,要给她充足的时间与空间去静下来细细思量。

留意你刻意强调的方面。

身为父母,你平日里最为关注的部分,往往在孩子心里被强化得最为突出。多去关注她内心的勇气吧,不要将目光总停留在她的焦虑之上。当她展现出勇敢的一面时，请不要吝惜赞美之词。一旦发现她身上蕴含着坚韧的闪光点，就要及时赞美和鼓励。你可以围绕她力所能及之事以及潜力所在，去与她建立紧密的情感纽带，而非聚焦于她无能为力之事或者她竭力表明自己做不到的事情上。曾有青春期的女孩跟我说，当她受到惊吓而恐惧发作时，母亲的关怀最为无微不至。所以，家长一定要清楚自己最为在意的究竟是什么。

如若其他方法都徒劳无功，不妨先与她共情，再抛出些关切的疑问。

对于青少年而言，共情往往是打开心门的一把钥匙。在当下这个复杂的世界里，做一名十几岁的少女着实艰难，真的，可比我们曾经体验过的要难上许多。若她能知晓你洞悉到了她的不易，那对她而言，意义非凡。先试着去共情吧，感她所感，然后再抛出那些饱含关切的问题，比如"这听起来挺难的，你觉得怎么做会有所帮助？""依你看，当下最好的办法是什么？""你心底的声音在悄悄告诉你什么？""你有没有听到内心的声音给予你的启示？"这些问题之中蕴含着对她能力的期许。

我们要满心期望去坚信她自己是有能力的。即便她一时给不出确定的答案，可仅仅是你用心询问这一行为，已然传递出了你对她能力的那份笃信。她的能量远胜于她的忧虑，她比当下所面临的任何问题都要强大。诚然，应对难题终究要靠自己的努力，但在这漫漫长路上，你完全可以凭借共情、巧妙地提问，以及源源不断的鼓励，为她撑起一片温暖的天空。

目 录

致勇敢的父母

第一部分　理解

015　第一章　给与忧虑相关的词汇下定义

忧虑的惯用"伎俩"　　　　　　　　　　　017
忧虑连续体　　　　　　　　　　　　　　022
给焦虑起个名字　　　　　　　　　　　　026
忧虑的"打地鼠"式把戏　　　　　　　　030

CONTENTS

何时该为女孩的忧虑程度感到担忧	032
记住这几件事,女孩会更勇敢	035

037 第二章 为什么是我的女儿?

外部因素	040
内在因素	063
记住这几件事,女孩会更勇敢	075

077 第三章 这将对女孩有何帮助?

阻力最小的路径	081
少有人走的路	093
记住这几件事,女孩会更勇敢	096

第二部分　帮助

099　第四章　赋能女孩的身体
- "忧虑私语怪"操控身体的诡计　　　　　　　　102
- 助力身体对抗焦虑的勇敢法宝　　　　　　　　113
- 记住这几件事，女孩会更勇敢　　　　　　　　135

137　第五章　滋养女孩的头脑
- 焦虑的另一条触发路径　　　　　　　　　　　139
- "忧虑私语怪"扰乱大脑的惯用招数　　　　　　142
- 滋养头脑的勇敢武器　　　　　　　　　　　　160
- 记住这几件事，女孩会更勇敢　　　　　　　　171

173　第六章　呵护女孩的心灵
- "忧虑私语怪"针对心灵的诡计　　　　　　　　176
- 确定性　　　　　　　　　　　　　　　　　　177
- 呵护心灵的勇敢法宝　　　　　　　　　　　　187
- 记住这几件事，女孩会更勇敢　　　　　　　　208

第三部分　希望

210　第七章　烦恼
记住这几件事，女孩会更勇敢　　　　　　　　　　222

223　第八章　振作勇敢之心
到底是拥抱勇气，还是羞耻感？　　　　　　　　225
振作女孩的勇敢之心　　　　　　　　　　　　　230
记住这几件事，女孩会更勇敢　　　　　　　　　242

243　第九章　战胜困难
使命感　　　　　　　　　　　　　　　　　　　244
命运的恩泽　　　　　　　　　　　　　　　　　244
持续练习　　　　　　　　　　　　　　　　　　245
领悟自由的真谛　　　　　　　　　　　　　　　246
珍爱自我　　　　　　　　　　　　　　　　　　247
满怀真心，勇敢相信　　　　　　　　　　　　　247
我们的祝福　　　　　　　　　　　　　　　　　249
记住这几件事，女孩会更勇敢　　　　　　　　　251

Brave
A Teen Girl's Guide to Beating Worry and Anxiety

给与忧虑相关的词汇下定义

为什么是我的女儿?

这将对女孩有何帮助?

第一部分
理解

第一章
给与忧虑相关的词汇下定义

我认为，当今时代青少年的成长，可真算得上是前所未有的艰难。做一名十几岁的青春期少女，更是难上加难。我从事青少年女孩心理咨询工作已近三十年，在这悠悠岁月中，我接触过的女孩可谓不计其数。

接下来，我会和你讲讲我认为青少年时期充满艰辛的缘由，不过在此之前，我很想听听你的想法。**你认同我的观点吗？在你看来，这个时代的女孩成长之路尤其艰难的原因是什么呢？**

我相信，你刚刚已经列下了一份非常棒的清单。当我们一同开启这本书的阅读之旅时，有一点我希望你能知晓，那就是：女孩们所说的话都是合情合理的。我明白，即便我听不见她的声音，但我依然坚信她所说的内容。其实，在这个世界上，最重要的并非她说了什么，而是她能够勇敢说出口。正因如此，

第一章 给与忧虑相关的词汇下定义

我会在这本书中预留空白之处供你书写，同时也为女孩准备了一个小练习册供她手写。倘若她更钟情于绘画而非书写文字，那在另一个手账本中作画也无妨。不过，我倒很乐意看到她二者都能兼顾。

忧虑的惯用"伎俩"

焦虑这个家伙总是会使出各种招数来"蛊惑"女孩。在第一部分我们会详细地讨论它的具体手段和我们的应对之策。不过，现在我打算先跟你讲讲忧虑最常耍的两大"花招"。

忧虑会试图让你深信：

- "是我自己出现了问题"。
- "只有我会有这样的感觉。"

焦虑——稍后我们会给它取个更贴切的名字——简直就是个彻头彻尾的"大骗子"，以上这两种说法都是无稽之谈。然而，令人遗憾的是，几乎我所接触过的每个女孩子都曾相信过这两点。正因如此，我才想在一开始就把这两个错误观点彻底推翻。这可是它最拿手的把戏，而它使出这些招数来误导你，实在是恶劣至极！

她本身没有任何问题。 我们会在第二章深入探讨女孩们容易被忧虑（worry）和焦虑（anxiety）所困扰的原因，但现在我要先告诉你，这并非意味着她的大脑出了什么毛病。恰恰相反，这说明在某些方面她是十分正常的。而且和她有同样境遇的人不在少数。实际上，差不多每三个孩子中就有一个在与焦虑作斗争，而女孩产生焦虑的可能性是男孩的两倍。

这意味着，无论是坐在她旁边上课的女生，储物柜与她相邻的女生，甚至是同年级里最让她感到害怕的那个女生，都很有可能正在经历着同样的事情。这种情况也可能发生在她最好的朋友身上，只是她们彼此都不知道，没有人把这种感受倾诉出来罢了。这就是忧虑和焦虑会造成的局面——让恐怖的想法徘徊在她们心头，如洪水猛兽一般，不时地将她们吞噬。

正因为我们常常误以为世间只有自己如此，因而选择独自承受，把这份苦水咽回肚子里，对旁人只字不提。这些想法让她们误以为是自己出了问题。在此，我可以再次向你郑重承诺，你的女孩并没有问题。而且，我们已经开始驳斥第二个观点了。从统计数据来看，她不是孤身一人，和她有相同感受的大有人在。我每天都会和一些女孩子交流，在她们正常又聪慧的大脑里，也常常萦绕着这类想法。关于这点，我们之后还会详细阐述。

她并不孤独。著名作家 C.S. 刘易斯曾写道:"当一个人对另一个人感叹道'什么?你竟然也这样?我还以为只有我自己会……'的那一刻,友谊就悄然萌生了。"焦虑企图让女孩产生这样的错觉:仿佛全世界只有她一个人在为某件事而忧心忡忡;又或者只有她在为一些听起来十分荒谬的事情而担心。但其实,无论她担忧的是什么事情,都不荒谬。当忧虑的阴霾消退之后,或许她会觉得当时担心的事有些幼稚可笑。可当她深陷焦虑的漩涡时,那种感觉却无比真实,不容忽视。

焦虑就像一个隔离器,将人与人孤立开来。因为它让我们怀疑只有自己出了问题,所以我们往往保持沉默,不愿与他人提及。

我们已然明白,焦虑是一个爱说谎的骗子,也是一堵孤立人与人的高墙。它还极具迷惑性,让人难以看清。这也正是当下身为十几岁的女孩子,成长之路格外艰难的缘由之一。

我还记得不久前,和一群与你的女孩年龄相近的女孩子坐在一起聊天的情景。彼时,我们正谈论着这样一种现象:十几岁的女孩在描述自身,或是对某一特定情形的感受时,用到"焦虑"这个词是如此常见。比如,她们会说:"我有焦虑症""我昨晚焦虑发作了""有件事情让我太焦虑了"。想必你也听过不少类似的话语。我始终对一个女孩的话记忆犹新,她说:"我们之所以如此频繁地使用这个词,可能是因为,假如我们只是轻描淡写地说自己压力很大,恐怕根本无人理会。"其他女孩都纷纷点头表示赞同。**那么,你的女孩是否也曾有过这种感受?**

☐ 肯定有　　　☐ 没有,不太有

在我们青春年少时,若是想真的惹怒父母,我们兴许会放话:"我要离家出走!"然而现在,仅仅八岁的小女孩在和父母赌气的时候,就会以自杀的言语相威胁了。不难想象,你的女孩可能每天都会在午餐餐桌上听到同学们谈论起她们有多"抑郁",提及前一晚经历了"惊恐发作",或者很随意地抛出"自杀""双相情感障碍""创伤后应激障碍"之类的词汇。不过,你可别误会我的意思——有些女孩可能确实正在遭受这些痛苦的折磨。但问题在于:还有很多女孩并非如此,这一点你应该心知肚明,她们只是想借助一些夸张的词汇来渲染强烈的情绪罢了。还有些女孩是希望有人能倾听自己的心声,但却觉得无人在意,哪怕是父母和同龄人。所以才会认为用词越夸张,就越有可能引起别人的关注,来倾听自己。

这里还有另一个问题:如果你并未真正经历这些状况,却随意使用这些词汇,那么这些词汇就会渐渐失去其原本的意义。

第一章 给与忧虑相关的词汇下定义

如此一来，等到女孩真正遭遇（焦虑等问题）煎熬，确实需要用到这些词的时候，就很难弄清楚它们本身的意思了，也不能确定是否有人真的愿意倾听你。因为在她这个年龄段，似乎每个人都有点焦虑情绪。

这就是本书的起点，从她这个年龄段的女孩们常常提及的情绪词汇的定义开始。你或许已经注意到了，我一直在交替使用"忧虑"和"焦虑"这两个词。在当今社会，恐惧、担忧、焦虑、紧张、压力，乃至焦虑症，都是我们需要理解的重要概念。我深信，我们对忧虑和焦虑了解得越多，就越容易战胜它们。那么，让我以一名心理咨询师的视角，先来探究一下这些词汇的定义吧。

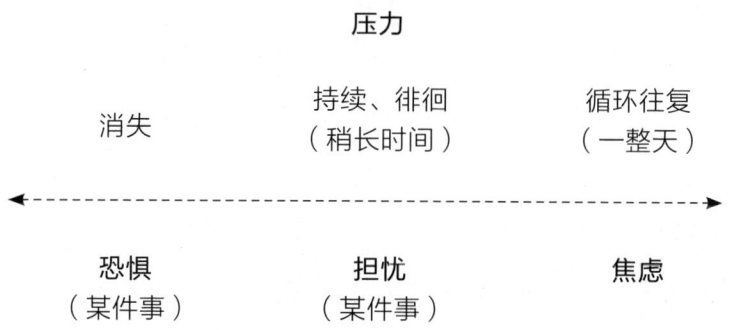

忧虑连续体

在之前的一本书中我谈到过"忧虑连续体"。它大致是这样的:

恐惧

一切皆源于恐惧。恐惧就是那些令我们感到害怕的事物……有时它们会把我们吓得惊跳起来甚至尖叫出声。比如你可能会对蜘蛛、蛇或者海里的水母感到恐惧,而这三样东西也是我特别害怕的。恐惧的关键之处在于,我们是"对某物"感到害怕。恐惧所指向的,是我们大脑中的杏仁核会与之产生不愉快情感联结的对象。关于杏仁核我们稍后再详细讨论。通常来说,恐惧是与某一具体事物或其威胁息息相关的。当那样东西或其带来的威胁出现时,我们的恐惧情绪便会瞬间占据主导(据我的婴儿时期的保姆劳伦说,只要我看到附近有虫子——哪怕只是我以为有虫子,我便只肯让她来抱我。我会又哭又喊,径直朝她奔去。)当我们面对自己所惧怕的事物时,情绪会汹涌澎湃。可一旦它消失了，情绪也会随之烟消云散。我们便会继续正常生活。

那么，你的女儿最害怕的 3 样东西是什么？

忧虑

当恐惧的情绪继续弥漫，而且持续一段时间后，它便转变成了忧虑。忧虑的影响更为广泛，也就是说，它不会仅仅因为我们摆脱了引发恐惧的源头就轻易消散。我们不是"对某个具体事物感到忧虑"，而是"对与它相关的一切信息都感到忧虑"。让你感到忧虑的，往往是一个较为宽泛的主题，而非一个特定的物体。女孩可能会忧虑自己爱的人或许会罹患癌症；会担心自己无法取得优异的成绩，或者在田径赛场上无法打破个人纪录；也会顾虑朋友们是否在生她们的气，或担心自己在与旁人相处时偶尔显得笨手笨脚。

那么，你的女儿最忧虑的 3 件事是什么？

焦虑

紧接着，忧虑就变成焦虑了。对于我所认识的大多数与你的女孩年龄相仿的女孩来说，"焦虑"这个词已然取代了"忧虑"一词。不过，焦虑与恐惧或者忧虑是不同的。焦虑可能关乎我们所害怕或者担忧的任何事。但不同之处在于——恐惧或者忧虑只是从我们脑海中一闪而过，而焦虑却会被留在那里，无法消散。在我的心理咨询室里，我总是跟女孩们说，焦虑就好比游乐场里的单环过山车。如果你见过的话，你就会知道我说的是什么。它是一个过山车，但它只会在同一个轨道环上一遍又一遍地循环往复，无休无止。当你陷入焦虑时，那些可怕的想法就会在你脑海中不停地萦绕盘旋，而你似乎束手无策，无法让它停止。

假如，女孩现在必须说出在她的大脑中循环次数最多的事情——也就是她担忧不已并且似乎无法让它停止的事——那会是

第一章 给与忧虑相关的词汇下定义

什么？它可能是一件比较重要的事情，也可能是一件有点幼稚可笑的事情。**我和很多女孩子聊过，她们脑海中会有各种各样的循环往复的念头。那么，让你的女儿思来想去的想法又是什么呢？**

她的脑海中甚至可能同时有几件事在不停地循环。也许，几年前，她心里还在一直纠结着某件事，如今却被新的烦恼取而代之了。在她年幼的时候，可能对父母的安危十分在意，一想到父母可能会遭遇什么可怕的事就惶惶不安。她几乎无法忍受由保姆照顾自己，或者父母要去外地，因为她会特别担心。而现在，她可能会因为成绩不好或者做错事而忐忑不安。甚至她会觉得必须把自己所犯的每一个错误，哪怕只是觉得可能会犯的错都告诉父母。也许几个月前她曾生病呕吐过，于是现在只要肚子稍有不适，她就会担心旧病复发、再次呕吐。又或许，她会担心朋友们不想再和她做朋友了，担心他们觉得她很烦人，而他们之所以表现得客客气气，只是因为不想显得没礼貌。

给焦虑起个名字

焦虑是这样的：它有点像在儿童主题餐厅里玩的打地鼠游戏。你还记得吗？你的女孩站在一块板子前，手里拿着小锤子。一只小地鼠突然冒出来，可就在她锤子砸下的瞬间，它又在别的地方探头探脑地冒了出来，不停反复。这只地鼠知道如何惹恼她，让你心烦。焦虑也是如此，它不仅会说谎，还会孤立她，而且还狡黠无比。实际上，我觉得现在应该暂停关于焦虑的描述，先给它起个名字了。焦虑可能是男性的"他"，也可能是女性的"她"，甚至可以是中性的"它"。不过我猜女孩对它的"声音"已经耳熟能详了，就是它在跟她说这样的话：

"你不行的。"

"这太难了。"

"你永远都做不到尽善尽美。"

"你能想象到的最糟糕的事情，就是最有可能发生的事。"

"你会失败的。"

"他们会对你冷嘲热讽。"

"你妈妈会得癌症的。"

"如果你不反复检查门有没有关好,有人就可能会乘虚而入伤害你的家人。"

"已经有人进来伤害了你的家人,而且他们正在上楼,步步紧逼地来找你。"

最后那句话,曾是我高中时期脑海中经常循环出现的念头。夜里我躺在床上,辗转反侧,难以入睡,心里充满了恐惧。我会想象有人已经杀害了我的父母,正顺着楼梯上来抓我。我还会和自己玩一个奇怪的游戏,我会盯着时钟想:如果我能熬到3点20分,我就可以安然无恙了。然后又想,这可不行,我得熬到3点30分,这样我才会平安无事。就这样周而复始。忧虑不仅告诉我最坏的情况已经发生了,还告诉我必须得做点事情才能让自己感觉好一点。于是,我躺在床上,目不转睛地盯着时钟,对忧虑告诉我的每一件事都言听计从。只是当时没有人告诉我,那个声音不是真的,只是忧虑的满口谎言。我当然也不知道还有其他人有过同样的感受。我真希望当时有人告诉我:"你能够打败它。"如果有人能告诉我,我会比实际更早地学会如何对抗焦虑。现在,我终于知道如何辨别它的声音,也明白不能赋予它任何力量。它不配拥有,在我的世界里不配,在女孩们的世界里也不配拥有任何力量。

那么，你认为，在你女儿的世界里，忧虑都对她说过哪些话？

让我们为那个满口谎话、爱孤立人、狡黠又令人厌烦的声音起个名字吧！就是那个总在女孩耳边悄悄灌输着谎言的声音。之所以要给它起个名字，是因为我希望女孩能铭记，那绝非她内心的声音。那不是她的想法，而且根本不是真实的。我接触过的许多小女孩都给它起名为"忧虑怪兽"，还有个女孩叫它"鲍勃"。我还认识一些高中女生给它取的名字别具一格，比如"大话精"或者"那个不能说名字的家伙"，或者就简单地叫"忧虑"。还有个女孩给它起名为"艾格尼丝"。这些名字都很好，关键在于，我们要把它的声音和女孩的声音区分开来。另外，当它有了名字，谈论起来也更容易些。

说到这里，顺便提一下，当我们谈论起一个善于孤立他人、谎话连篇且狡猾无比的家伙时，你和你的女孩会不会和我一样，不约而同地想起另一个存在——恶魔？不久前，我和我的朋友安妮·F·唐斯（Annie F. Downs）共同制作了一期播客。我不知道你是否读过她的书，如果没有，我强烈推荐你读一读。当我们聊到"忧虑怪兽"时，她看着我问道："它是不是恶魔呀？"我笑了，还以为她在开玩笑，主要是因为我不太常用这个词来描述事物。但她并没有开玩笑——这确实有点像恶魔的行径。只不过，你也可能不太习惯用这个词。她的意思其实是说："这是不是恶魔伪装成了'忧虑怪兽'的声音在跟你说话？"的确，我相信，你脑海中听到的声音就如同恶魔的声音一般。要是你愿意的话，也可以叫它"敌人"——但前提是这么想不会让女孩更焦虑才行。我可不希望她反复琢磨，脑子里一直盘旋着"恶魔住在我脑袋里"这样的念头。它并不在你脑袋里，它只是处心积虑地企图欺骗她，让她陷入忧虑，就像它试图诱惑她去做其他有破坏性的事情一样。不过，好消息是，它已经被打败了，女孩已获得了打败它的力量——无论你赋予它何种称谓。

鉴于它是如此狡猾诡诈且鬼鬼祟祟，现在我就暂且称它为"忧虑私语怪"。不管我们叫它什么名字，都需要洞悉它的特征和行径。对它的了解越深入，我们就越能轻而易举地与它抗争。

到目前为止，我们对"忧虑私语怪"的了解如下：

- 它是个习惯说谎的骗子。
- 它会让人陷入孤立。
- 它常令人心生迷惑,难辨真伪。
- 它还非常聪明,做事隐蔽。

忧虑的"打地鼠"式把戏

似乎每个特定年龄段中的女孩,都有令自己最感到焦虑的事情。"忧虑私语怪"对此了如指掌。它知晓女孩在小学二年级时最胆战心惊的事情——比如,害怕父母突然遭遇不幸;也清楚六年级时,令她惶惶不安的状况——比如,担心自己会止不住地呕吐;更明白高一年级时,成为她梦魇的情形——比如,某学科成绩不及格,又或是遭到朋友无情的背叛。接着,它会把这些极具侵入性的想法植入女孩的大脑。之所以说是侵入性的想法,是因为这些想法会强行闯入女孩当下正在思考的任何一件事情中。

由于这些想法代表着在那个特定年龄段,女孩们所能想象到的最可怕的事,所以它的威力巨大。也正因如此,这些想法就像幽灵一般在脑海中挥之不去，又恰似玩打地鼠游戏一般，在二年级时，她可能在某个方面击败了它，可它又会摇身一变，在她六年级时以别的面貌冒出头来，如此循环往复。不过，好消息是，她在二年级时能打败它的法宝，在六年级和高中同样奏效，甚至在成年之后依然能派上用场。研究焦虑的心理问题专家塔玛·钱斯基（Tamar Chansky）说，"虽然焦虑是当今儿童和青少年面临的头号心理健康问题……但它也是最容易治疗的。"那么，我们将一起去证明，这个"忧虑私语怪"到底是多么不堪一击！

在此，我有必要再提及另外两个词汇，那就是紧张（stress）和压力（pressure）。尽管在当下的语境中，它们已经不太常用，但着实应该引起重视。我们将在下一章节再对它们进行详细讨论。要知道，压力宛如一股强劲的暗流，有着不容小觑的力量，它能让"忧虑私语怪"如鱼得水般地高速运转起来。我由衷地觉得，孩子们如今在生活里所承载的压力，与我成长的往昔岁月所面临的压力相比，可谓是天壤之别。甚至比起你们年少时所经历的，更是有过之而无不及。她们肩负着更大的重压，既要把事情做对，不出差错，又盼着能功成名就，取得成绩，还得时刻保持着美丽的外在形象，还要对社交媒体上的众多朋友以及关注者有所回应。当这么多期望交织一处，确实如沉甸甸的巨石一般，真是不小的负担啊！

在这本书中，我会交替使用忧虑和焦虑这两个词，主要是因为女孩当中有些人生活在忧虑的阴霾之下，有些人则更多地被焦虑纠缠，备受煎熬；还有些人，在忧虑与焦虑这两片阴云之间来回穿梭，反复不定。事实上，我们每个人都会或多或少地受到忧虑情绪的影响——那些完全感受不到忧虑的人，大概也不会来读这本书吧。

何时该为女孩的忧虑程度感到担忧

实际上，我并不希望她为自身的忧虑程度感到过度担心。或许，我们可以把这部分内容称作"何时需要保证生活中有人能帮她应对忧虑之困"。在本书中，我们会对忧虑和焦虑这两方面都展开探讨。要知道，即便我们会感到焦虑，甚至深受困扰，但这并不一定意味着它达到了"可诊断"的程度。所谓可诊断的焦虑，在我所从事的专业领域里，会被视作一种病症，也可称为临床性焦虑。临床性焦虑形式多样且程度不一。例如，社交焦虑，恐惧症，即对某些特定物体产生令人不堪重负的恐惧，惊恐障碍和惊恐发作等。强迫症和创伤后应激障碍（PTSD）与焦虑症极为相似。此外，还有更宽泛的广泛性焦虑障碍以及其他一些相关病症。如果，你的女孩仅仅是因为与本书中所讨论的焦虑情况产生共鸣，并不一定意味着她就患上了其中某一种或是任何一种焦虑症，不要贸然给她下诊断。当然，即便没有诊断书，她的感受也是真实合理的。只是千万不要被她正在经历的困扰牢牢困住了。

如果以下有任何一种情况适用于她，我建议帮助她与他人进行沟通，谈谈她自己的情况。比如与你们进行沟通，我所提及的应该采取行动的时机，已然来临了。

- 如果焦虑让女孩感到心力交瘁，也就是说，当焦虑来袭时，女孩会六神无主，丧失了做其他事情或者思考其他问题的能力。
- 如果焦虑对女孩的日常生活造成了严重干扰。
- 如果女孩尝试了本书中的方法，但收效甚微，或者效果不尽如人意。
- 如果焦虑对生活中最重要的三个方面——家庭、朋友、学业中的至少两个都产生了影响。
- 如果这种情况已经持续了至少六个月之久。

焦虑若不加以治疗只会愈演愈烈，不断恶化。如果持续时间过长，甚至可能导致抑郁。不过，我们不会让这种情况发生。

令人欣慰的好消息是：女孩们一定可以战胜焦虑。她并不孤单。她一直有我在，而且她的身边还环绕着许多关爱你并且愿意伸出援手的人。我深知，她内心潜在的力量、智谋、坚毅以及勇气远超你的自我认知。而我，也迫不及待地想要目睹那个充满能量的你一展风采。

到目前为止，如果让你列举 3 件从书里学到的，可以传递给你的女儿的事，你会写什么？

如果让你在这里给你女儿的"忧虑私语怪"写一封信，你想对它说些什么？

记住这几件事，女孩会更勇敢

- 如今，身为一名十几岁的女孩，所面临的艰难程度堪称史无前例。
- 忧虑常常会误导她，让她觉得自身存在缺陷，而且误认为只有自己才有这样的感觉。但这两者皆非事实。
- 焦虑就像一个巧舌如簧的骗子，也是一个把人孤立起来的坏蛋，令人陷入混沌，困惑不已。
- 恐惧与我们所害怕的事物息息相关——是我们大脑中的杏仁核对其产生了负面的情感联结。忧虑不会因为我们远离了所恐惧的事物，便烟消云散。它更多的是围绕着一个宽泛的主题，而非局限于某一个具体的事物。焦虑，则是恐惧进一步演变的产物，形成了萦绕心头的忧思，难以驱散，恰似游乐场上那循环往复的单轨过山车一般。
- 为焦虑赋予一个名称吧，这件事意义重大。这样女孩就能时刻牢记，那焦虑的声音既非源自她的本心，又不是真实的。
- 随着年龄渐长，她忧虑的对象也会随之变化。基本上，让她感到焦虑的，都是她在特定年龄段所能想象到的最可怕的事情。

- 焦虑如果不加以干预，其态势只会愈发恶劣。如果她的忧虑或焦虑日益严重，或者她对如何改善这种状况束手无策，那么，不妨和父母谈一谈。也可以在学校或者社区里寻觅一位值得信赖的长者，或许他能够帮她找到获得援助的途径，助你打败这个谎话连篇、爱孤立人且让人困惑的"忧虑私语怪"。要坚信，你的女孩一定能够做到！

第二章
为什么是我的女儿？

我想知道女孩的想法。**你觉得，让她感到忧虑的原因是什么？**我所指的并非是女孩所忧虑的事情，而是她认为自己为何会陷入忧虑或焦虑之中。

我真诚地希望能够看到她的清单。倘若让我来猜测，我想她或许会写下诸如"我太_____"或者"我不够_____"之类的句子。

"我太在乎他人的看法了。"
"我思虑过多。"
"我太敏感了。"
"我不够独立。"
"我不够自信。"
"我不够勇敢。"

第二章　为什么是我的女儿？

或许，她此刻就应该重新思考，继续往这个清单里再添些内容了。究竟是什么原因，让她总是忧虑不已呢？

多年前，我曾读到过一段文字，令我永生难忘。你知道那种感觉吧，有些话语就是能深深印在我们脑海里。那是因为我们在阅读的时候，会真切地体会到其中的道理。那段文字是"当男孩的世界里出了差错，他会归咎于旁人；而当女孩的世界里出现问题，她却总是怪罪自己。"事实的确如此，这就是为什么我猜想女孩的那份清单上一定会出现好几条负面的内容，而且她还对此深信不疑，觉得那些都是自己的真实写照。

我知道这些句子会出现在她的清单上的另一个原因是，这些年来，我曾无数次听到女孩们说过类似的话。我想，你的女孩应该也不例外，可能她每天都会对自己念叨类似的话语。我还猜想，她对自己生气的次数一定远远超过了对他人生气的次数。我之所以知道她会对自己说那样的话，是因为我感同身受——我自己也是如此。我认为，"忧虑私语怪"最恶劣的把戏之一，就是他试图让我们为那些超出我们控制范围，或一开始就不应被责怪的事情而感到自责。

我想在此澄清一个事实，不只是关于她为何忧虑，更要对真实的她予以正名。那些说法根本就不是事实。或许，她比较敏感；或许，她没有太多的自信；又或者，她觉得自己还不够勇敢。但任何时候,只要她用到"我太过——"或者"我不够——"这样的句子描述自己,便意味着,她又在听信"谎言之父"——撒旦的鬼话了。其实,我们每个人都有自己不太擅长的领域。我常常把它想象成锻炼"肌肉"。我在数学方面的"肌肉"差强人意,我的耐心"肌肉"也有待锻炼。即便已成年,我仍需要在这些方面持续发力。战胜焦虑正是我们要在这本书里一同去锻炼和强化的"肌肉"呀!你的女孩完全不存在哪里"太过",或者哪里"不足"的情况。现在,让我们先来探讨一下她真正忧虑的根源所在,然后,再回归到"探寻真实的你"这一主题上来吧。

外部因素

在这本书的许多处内容里,我都想要真诚地恳请你选择相信我,这便是其中一处。要知道,尽管你的女孩饱受忧虑与焦虑困扰,但其中绝大多数原因与她的内在的品质毫无瓜葛。它们皆为外部因素,是生活里那些并非由她自主抉择,或者是她根本无法掌控的部分,它们游离于她自身之外。所谓"外在"的含义,想必你已经明白了吧。我从事心理咨询工作已将近三十年了。而且我此前忘了说明，在为父母撰写的其他相关书籍之际，我悉心研读了两本有关焦虑主题的著作，所以，我对这个主题的确有深入的了解。现在，咱们就一同来聊聊，那些我通过咨询和研究所了解到的一些外部因素吧。

家庭的涓滴影响

在你女孩的家族之中，她和哪位亲人最像？

他们二人在哪些方面最有相似之处？

我在想，在相似之处里，是否有一部分在于他们都饱受忧虑的困扰？在忧虑这一方面，和她最像的人极有可能是她的妈妈，也有可能是她的爸爸，甚至可能是她的祖父母或者姨妈、姑姑辈的亲属。当下，她忧虑的表现形式或许与他们的有所不同，不过她依然会受到家庭中类似涓涓细流般的影响。事实上，若父母中有一人有焦虑症状，那她自身患焦虑症的概率可能会比同龄人高七倍。而且，她的家庭成员或许都未曾意识到，在他们身上出现的这种状况，名为"焦虑"。

去年，我的妈妈离世了，我至今对她仍思念万分。她对我和妹妹的爱让我们刻骨铭心。那些我们最为珍视的事物，往往最容易在脑海中萦绕盘旋，挥之不去。我和妹妹是妈妈生命中最牵挂的人。她常常念叨："担忧是一个母亲的职责。"她也总挂在嘴边，说自己**不可能**有焦虑症，但只有我和妹妹心知肚明……我想，如今在天堂的她想必也清楚，她其实是有焦虑症的，尤其是在涉及我和妹妹的事情上时，这种情况就更明显了。

在我十八岁那一年，我拥有了一辆属于自己的汽车。我知道，这真是太幸运了。那是一辆很酷的车——一辆海军蓝色的旧款宝马，配有可以让阳光照射进来的天窗和磁带播放机。在蓝牙尚未普及的年代，我们就是靠着磁带播放机在车里欣赏美妙音乐的。车里还有一份别样的"装饰"，那是母亲特意为我配备的一根约60厘米长的金属长钉，岁月已让它染上了斑驳的锈迹。母亲曾叮嘱我，如果开车不慎坠桥落水，就用这根钉子砸

第二章 为什么是我的女儿？

破车窗游出来。没错，我是认真的。如果她现在还在世上，肯定会一脸郑重地告诉你，把这根钉子一直放在车里是至关重要的事。不仅如此，每年圣诞节时，我与妹妹总能在那装满惊喜的圣诞袜里发现胡椒喷雾的影子。我想，我们家的"圣诞老人"大概也有点儿焦虑吧，才会年年为我们准备特别的"礼物"。

对于我们姐妹俩而言，这种焦虑产生了"涓滴效应"，悄然渗透到我们的生活之中，留下或深或浅的痕迹。不过，我和妹妹的忧虑表现得截然不同。在此我还想补充一点，如果你的女孩是家中的长子（女），这种影响很可能首先波及到她。当然，有时候弟弟妹妹也会受到影响，但对长子（女）的影响几乎总是更多。我和妹妹凯瑟琳相差十六岁。是的，你没看错。当我的父母告诉我他们会再有一个孩子的时候，我简直惊愕不已。由于我们年龄差距悬殊，这就好像我们在出生顺序上都像是长女，或是独生子女一般，所以我们都受到了一些焦虑情绪的影响。

我的焦虑更多地体现为 A 型人格的特征，我是个完美主义者。如果你对九型人格有所研究的话，就会知道我是一号人格类型。身为一个一号型人格者，我日常未必会常常感到焦虑，反倒做起事来雷厉风行，工作效率极高，能在短时间内完成大量事务。在学校参加考试时，我总是第一个交卷；我的房间一尘不染，床铺也总是整整齐齐。但即便如此，当我下意识地把家里的一切都重新归置得井然有序时，我便恍然发现，原来我心里是在担心着什么。对我而言，一切都关乎秩序。或许对女孩来说，秩序同样能让她感觉更舒适。要是这样的话，她肯定特别讨厌弟弟妹妹贸然闯入你的房间，把东西弄得乱七八糟。有时候，她非得把物品摆放得恰到好处不可，或是提前一晚准备妥当次日要穿的衣服，又或者喜欢做各种各样有条理、高效率的事情来让自己感觉舒畅些。

而妹妹凯瑟琳则与我不同。她做事固然有条理，不过她并非一定要求这样的条理性，这对她来说是极为惬意的。她或许会打趣说，我对条理的那种苛求都快把她逼疯了（当然，她大概不会把这话大声说出来，因为她为人极其温柔可亲。你要是见了，肯定会很喜欢她的）。她是九型人格中的六号型人格，安全感是她的首要需求。如果有人能耐心倾听她的心声，或是陪她一起分担忧愁，那对她来说是莫大的慰藉。不过，她看起来似乎总是那么无忧无虑。她常说自己就像一只悠然滑行于水面的鸭子，表面上是那般的从容淡定，可在水面之下，却正竭尽全力快速地划动双脚。

我们俩都受到了家庭中这种如涓涓细流般向下蔓延的焦虑的影响。女孩们可能也未能幸免。她的焦虑也许和爸爸妈妈的

第二章 为什么是我的女儿?

不尽相同,但它依然真切地存在着。她能从你们频繁地询问她要去哪里,或者问她什么时候回家这些行为中察觉出你们的焦虑。她很可能再熟悉不过,家里那位爱焦虑成员的"忧虑私语怪"每天传递着什么样的声音。并且,你们内心的"忧虑私语怪"极有可能正催促着你们为她的事感到忧心忡忡。

  值得注意的是,她可不能贸然指出你们的焦虑问题。若是她直接告诉你们,那些事情根本无关紧要,恐怕只是你们内心的"忧虑私语怪"在作祟的话,估计不会有什么好结果。你们大概率会指责她不尊重你们,说不定最后她还会得到父母的惩罚,比如,被禁足之类的。这自然不是我们想看到的结果。不过,在家里,力所能及的便是相互提醒。我和许多家长交流过,他们起初是为了自己的女儿开始阅读解决孩子焦虑的书,不曾想,竟在字里行间看到了自己的模样。然后,当你们敏锐地察觉到"忧虑私语怪"正悄然出现,准备扰乱彼此的心绪时,就能够温和地互相提醒。只要她说得有礼貌,她大可以对他们讲:"爸爸,您的'忧虑私语怪'出现啦,引得我这边的'忧虑私语怪'也开始躁动了。"我认识一个九岁的小女孩,她有时候会很有礼貌地对妈妈说:"妈妈,听起来,好像'忧虑怪兽'又在跟您讲悄悄话了。"当她恭恭敬敬地表达自己的态度,提醒的效果就好得多了。

女孩期望父母能在她对抗"忧虑私语怪"的这场战斗中助她一臂之力,殊不知,她同样拥有帮助你们的力量。众人拾柴火焰高,当你们一家人携手并肩作战时,所汇聚的力量远比各自为战强大得多。而无论外在境遇如何,这种力量与韧性都是这场战斗中最为重要的两大法宝。

从问题迈向创伤

就像"焦虑"与"抑郁"这两个词汇一样,我相信,你也会在生活中频繁听到"创伤"这个词。当然,我也不例外。这是我们近几年使用频率颇高的词汇之一。我们用它来描述形形色色的事情,包括一些恐怖的事件,例如亲眼目睹他人丧生。许多人甚至还会把这个词当作一个口头禅随口使用。你或许有过这样的经历:当你正在和朋友谈论自己为之苦恼的事情时,却被旁人听到了,然后那人带着讥讽多于关切的口吻说道:"多大点事儿呀,还创伤呢!"

那么,创伤究竟是什么意思?首先让我们一起来研究一下专业的临床定义。依据美国心理学会的解释:"创伤性事件是指会威胁到自身或他人安全,致使受伤、死亡或者破坏身体完整性的事件,并且在发生之时,会让当事人深陷恐惧、惊骇或者产生无助感。创伤性事件包括令人痛心疾首的性虐待、身体虐

第二章 为什么是我的女儿？

待、家庭暴力、社区及校园暴力、医疗创伤、机动车事故、恐怖主义行为、战争经历、自然与人为灾害、自杀以及其他造成创伤性损失的情况。"研究资料还进一步告诉我们，令人唏嘘的是，截至16岁，有超过三分之二的青少年已然在人生旅程中遭遇过至少一起创伤性事件。

以下是一些令人欣慰的好消息："创伤"虽然是一个新出现的词汇，然而它所指代的麻烦事，却由来已久。可以说"在世上，每个人注定会遭遇创伤"。我们并非孤立无援地承受创伤，最终，生活的希望会救赎我们。你很有可能也会经历创伤，可一旦挺过去，你必将变得愈发坚强，充满韧性。不仅研究结果如此表明，而且在我所认识的众多女孩身上也确实如此。

以艾伦为例，她在年幼之时父母便离异了。几年后，父亲再婚，继母和艾伦关系颇为亲近。一个周末，当艾伦和弟弟留宿父亲家时，一场大人间的争吵骤然爆发。矛盾不断升级，甚至演变成了肢体冲突。艾伦听到喊叫声后，连忙带着弟弟躲到另一个房间，以免他看到这令人胆战心惊的一幕。她的继母报了警，艾伦眼睁睁地看着父亲被押送进警车后座，绝尘而去。这一幕，给艾伦的心灵无疑留下了深深的创伤。

再来讲讲莉莉的故事。在莉莉十岁那年，母亲猝然离世。这完全出乎所有人的意料。事发当时，一家人都在家中。母亲中风后,她是第一个拨打急救电话的人。莉莉不仅亲眼目睹了所发生的一切,还看到了父亲事后惊慌失措时悲痛欲绝的惨状。这一连串的遭遇,无疑都属于典型的创伤体验。

这些年来,父亲不仅让凯瑟琳屡屡陷入各种创伤性的情境之中,而且他们的父女关系本身对凯瑟琳来说就充满着伤痛。

再来看看汉娜的遭遇。上小学的时候,汉娜屡屡遭受一群女孩的欺凌。一天下午,在操场上,其中一个女孩冷不丁地拽住汉娜,猛地将她推倒在地,随后还对她拳打脚踢。其他女孩,则在一旁围成一圈儿,哄笑不止。那个创伤性的场景,犹如刻刀一般深深地印在了汉娜的脑海之中。

我可以为你讲述成千上万个如同艾伦、莉莉、凯瑟琳和汉娜这些女孩的故事。她们四个女孩子,个个坚强机智、聪慧勇敢,我对她们钦佩有加。我目睹了这些女孩通过自身心灵的力量救赎着自己,改写自己的命运,治愈过往的伤痛。然而,这一切尚未完全结束,她们的日子依旧充满艰难险阻。但我总在想,在我高中时,怎么就没有像她们那样面对生活的勇气呢?当然了,我也希望自己能像你一样,拥有更多坚韧的勇气。

你的女孩可能同样经历过很多困难。让我换一种说法吧,她在困境中顽强地生存了下来,成功地挺过了难关。有些困难属于创伤,而有些则程度较轻,只是些日常的小问题。在经历这些事情的过程中，她或许并未感觉到自己因此而变得更加强大，反而可能会经历悲伤与愤怒，导致睡眠不佳，夜不能寐。又或者，她在课堂上难以集中注意力，肠胃不适、头疼脑热等小毛病更是频繁来袭。我猜想，她大概有更多的担忧和焦虑。这恰恰是我们在本书这一章节要探讨创伤的原因之一。当麻烦与创伤接踵而至时，本就容易忧心的人，就如正在阅读此书的读者当中三分之二的群体，往往会陷入更深的焦虑漩涡，这就是我们最初被焦虑缠上的根源。但即便前路崎岖不平，她却没有停下脚步，紧紧地抓住希望不放手，勇敢向前。

让我接着说，也有可能，她觉得自己并没有坚持下来。然而，她仍会感激"创伤"这个词，因为在某种程度上，它仿佛让她过往的经历，乃至当下仍在艰难跋涉的这段旅程，都有了被正视、被认可的理由。

创伤对我们每个人带来的影响都千差万别。在创伤过后，我们往往能够体会到更多的韧性与力量，就像熬过寒冬后的新生。只不过，对于某些人来说，重拾这种韧性需要花费更长的时间。对于他们而言，创伤宛如一场噩梦，会持续不断地影响自己。这种影响不只是持续地忧虑，更是某个特定的场景或记忆在脑海中的不断浮现。从心理学的角度分析，情况是这样的：正常情况下，我们的大脑会将记忆储存在长期记忆区，你可以有意无意地随时回忆起它们。比如当你听到一首童年的歌曲，或者当你与父母谈论小时候的一次旅行时，你会触景生情，忆起往事。这些尘封的记忆会来来去去，像平常的日子一样自然。但创伤性记忆却常常是个"异类"，就像迷途的羔羊，没能顺利进入长期记忆的"大家庭"，而是卡在短期记忆的某个角落当中。这就解释了为什么当我为那些目睹家庭成员去世或者遭受过性虐待的朋友提供咨询服务时，他们总会无奈地表示，那些痛苦的记忆常常会不受控制地在头脑中浮现。不是他们刻意去回想，实在是那些画面总是毫无征兆地冒出来。如果你女孩正在遭遇这种情况，别一个人扛着，一定要引导她告诉你，或者向学校的辅导员求助，又或者找一个信任的成年人倾诉，让他们给予你一些帮助。在当下，有不少专业的心理咨询技巧，能够引导女孩谈论和面对创伤，就像一位贴心的引路人，引领那段痛苦的记忆"回家"，回到它该去的记忆区域，让她不必一次又一次地重温痛苦的噩梦。

无论此时此刻的她是否已然迈过创伤，踏入心理韧性生长的阶段，都务必牢记一点：过往的经历，会时刻牵动着我们的焦虑情绪。生活的别处一旦出现问题，她的忧虑和焦虑往往会变本加厉，犹如被点燃的火药桶，轰然炸裂。我自己就深有体会。所以，我们得时刻留意焦虑情绪何时会冒头，又是什么缘

第二章 为什么是我的女儿？

由在背后"煽风点火"。请把那些刻骨铭心的经历，或是如影随形的担忧，都一一写下来、说出来吧。同时，别忘了用心去探寻生活里那些熠熠生辉的能量，究竟是如何治愈我们内心的创伤，帮我们救赎心灵、重拾信心的。

  请回忆并写下一段曾深深刺痛女孩的创伤记忆，或是一段让她深陷困境、满心焦灼的经历。回首这段过往，她可曾在其中看到了生活的希望之光？走过这段日子，她又是怎样一步步蜕变，成长为更强大的自己？如果此刻的她仍未察觉到自身变强大，不妨静下来，想一想，在那段艰难的岁月里，那股默默支撑她的力量，究竟想要对她诉说些什么？

科技带来的难题

  嘿，朋友，先别对我不耐烦。我知道，你平日里肯定也没少和孩子唠叨这些事儿，说不定有些相关的文章你都读过了。那就耐着性子听我讲一小会儿吧。

不得不承认，对科技产品的使用与青少年群体中较高的焦虑和抑郁发生率脱不了干系。自从智能手机风靡以来，青少年的心理健康状况总体上是每况愈下（我知道，这么说话，我这口吻像极了你的奶奶）。

我曾读过一篇文章，文中提到，像这么大年纪的孩子，如果每天花费5~7个小时在智能手机上，患上抑郁症的概率是那些每天仅用1~2个小时手机的孩子的两倍。我知道，文章里说的是抑郁，而本书正聚焦于焦虑的议题。可实际上，这二者就如同孪生兄弟，常常形影不离。说实话，我真心不希望她被其中任何一个问题困扰。

另一篇文章（类似的还有好多）则列举了使用科技产品引发焦虑的几种方式：社交攀比心理严重，情绪调节能力缺失，因逃避现实社交致使社交焦虑加剧，总是担心自己与外界的联结不够紧密，还有那可怕的网络欺凌。研究表明，网络欺凌会加剧焦虑、抑郁情绪，甚至让人产生自杀的念头。

当然，使用科技产品肯定也有积极的一面。当我们无法面对面相聚时，社交媒体这类工具确实能让我们保持联系，维系情谊。科技还为我们大开方便之门，提供了学习各类技能的机会，包括社交和情感沟通等软技能，甚至是练习同理心和正念，它也能帮上忙。但我更想跟你分享一些我直接从女孩们那里听

情绪贴纸

勇敢
brave

开心
Happy

羞愧
guilty

嫉妒
Jealous

伤心
Sad

害怕
Afraid

生气
Mad

BRAVE: A Teen Girl's Guide to Beating Worry and Anxiety

来的心声。以下便是我观察到的，科技影响女孩生活的五大方式：

1. 过度依赖屏幕互动往往会滋生出一种虚幻的安全感。因为，在屏幕的阻隔下，面对面交流时不自然的局促与尴尬而引发的焦虑可以被悄然化解。这听起来真是美事一桩。如果我们身处于《机器人总动员》（*WALL-E*）所描绘的世界，你便可以终日沉浸于屏幕之中，不问世事，倒也相安无事。然而，现实世界无可逃避，你终将要踏入真实的生活环境。你必须学习如何在现实的时空中，与他人建立即时、真切的连接。在此，我还会反复强调：若想战胜焦虑，你非得鼓起勇气直面那些令你心生畏惧之事不可。

2. 过度依赖屏幕互动，同样会营造出一种虚假的关系感。这一点你很清楚，即便在使用视频电话时，你也无法像面对面交流那样精准地读懂别人的表情。同一句话，在短信里以文字形式呈现，可能是善意的，也可能暗含嘲讽。在社交媒体上，可能有的人才刚刚关注了你的账号，就表现得如同挚友一般亲密。这种情形在成年人身上也经常发生。真正的关系是随着时间推移日积月累地发展起来的，而科技却加速了这一进程，跳过了许多重要环节。这些环节不仅关乎关系的建立，更重要的是筑牢信任的基石。如此一来，人们很容易轻信那些尚未完全赢得信任的人，或者表里不一的人。

3. 社交媒体尤其会大肆助长攀比之心。我们都知道，"比较"是偷走快乐的"小偷"。在网络上，似乎每个人看起来都拥有亲密无间的朋友，被邀请参加更多的聚会，与兄弟姐妹相处得其乐融融。但想想看，现实中有多少人，只因帖子发送后获赞寥寥无几，就会毫不犹豫将其删除。这无异于直白地宣告，如果未能获得足够多人的认可，自己的经历便仿若微尘，既不重要，亦无价值可言。就拿我自身举例，我每天真心喜爱的帖子着实不少，可常常忘了点击那个代表"赞赏"的按钮。事实上，点赞数并不能精准地反映他人对我们自身的真实感受。并且，我们也绝不希望他人有权力来评判我们自己或者我们的经历是否有意义。

4. 科技产品的使用，会使你的大脑活动异常活跃，其程度与真正的焦虑发作相差无几。几年前，我与一位精神病学家交谈过，他告诉我，当我们的眼睛看向屏幕上不断涌现的图像时，大脑就会进入一种高度亢奋的状态。由于青少年的大脑尚未发育完全，所以它更难平复下来。因此，仅仅是你在视觉上接收信息，以及过多的屏幕刺激，都会导致你更加焦虑不安。

5. 在互联网上紧跟潮流、不甘人后的压力可谓令人窒息。就以美国青少年常用的社交聊天软件 Snapchat 为例，它有一个

第二章 为什么是我的女儿?

连续聊天天数记录功能"Streak",当用户与好友持续互动时,他们之间的Streak数字就会不断增加。假如在你读到这部分文字时它依然受欢迎(毕竟我们都清楚在科技领域,新鲜事物的流行可谓瞬息万变),那我们就来聊聊吧。你的女孩有多少条连续聊天记录呢?它们持续了多长时间?她每天得花多长时间去回复?不仅是回复连续聊天的消息,还要兼顾其他网络媒介中传来的海量信息。多年来,在我众多中的来访者中,很多女孩正是因为不堪这份重负,毅然决然地停用了Snapchat。同样的原因,我也发现越来越多的女孩,开始整体远离电子产品,回归现实。我还认识一个令人钦佩的高中女生,她果断决定把自己的智能手机换成翻盖手机。对青少年来说,与互联网同步的压力实在难以招架。她们本就已经在生活中承受着太多的压力,又因为没有在不同社交平台上及时回复网友,而担心自己会伤害别人的感情,或者传达出误解,这种压力实在过于沉重了。

在"科技助长了我的焦虑"这一列表中,你会写下哪些内容?

你会怎样描述科技给你的生活所带来的负面影响？

那么，科技带来的积极影响又有哪些？科技是如何助力我们的生活的呢？

在科技给你带来的影响中，究竟是积极的影响更为显著，还是消极的影响更不容忽视？

第二章 为什么是我的女儿？

如果你想要减少孩子对电子产品的依赖，可以采取哪些有效的方法？

如果让你给一个刚刚开始接触网络和社交媒体的 11 岁女孩提些建议，你会给她怎样的建议？

压力的影响力

让我们来谈谈压力这个话题吧。在导致焦虑的所有外部因素中，压力或许排在最后，但我认为在当今这个时代，它很可能是最为关键的因素。

我希望女孩能为自己的时间分配制作一个饼状图。我知道，绘制一个饼状图这件事听起来可能有点无聊，但就请迁就我一下吧。在这个图里，我希望她能列出自己日常做的所有事情所花费的时间，包括完成家庭作业、在校上课、参加体育锻炼、学习音乐、组织和策划领导力活动等。为了增加趣味，她还可以把花在电子屏幕上的时间罗列出来。

　　接着，我希望她把灵感激发时间、休闲时光（并非睡觉时间），还有"＿＿＿＿＿专属时刻"（填入她的名字，即她能够尽情地开展任意活动的时段）统统纳入考虑范围。

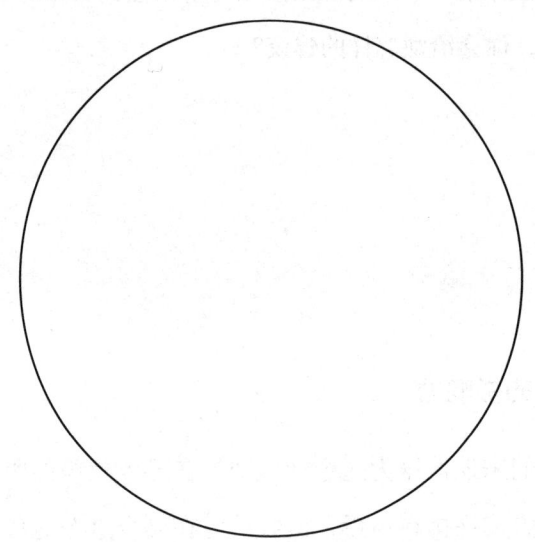

　　回溯新冠疫情伊始的那段时间，为女孩们提供心理咨询服务，着实是一段充满意义的独特经历。在我接待的众多来访者之中，不少女孩早在疫情开始之前，就因焦虑的困扰，定

第二章 为什么是我的女儿?

期前来寻求我的心理疏导。当疫情的消息最初传来时,我便明显察觉到,她们之中相当一部分人的焦虑程度急剧攀升。彼时,一切都被不确定性所笼罩。她们在担心:祖父母会染病吗?我会被病毒感染吗?学校会继续开课吗?我所在的地区会不会实施封锁措施?这一连串的疑问都是不可预测和未知的。而对于焦虑而言,未知与不可预测恰恰是其滋生与蔓延的温床。

几周过后,我们都进入了居家隔离状态。州政府呼吁民众尽量留在家中,以抑制新冠病毒的传播。病毒来势汹汹,然而人们都小心翼翼,竭尽全力守护自己的安全。学校全面转向线上教学。那些年仅11岁的小女孩们,怀里抱着心爱的毛绒玩具,兴致勃勃地在家里与我进行视频心理咨询。自从她们初次前来咨询起,我还从未见过她们有如此轻松愉悦、无拘无束的模样。曾经困扰她们的友情烦恼、学业压力、展示自我的焦虑,统统都消失不见了。她们与妈妈一同在厨房烘焙,食物的香气弥漫全屋。她们和爸爸一起遛狗,留下阵阵欢声笑语,尽情地享受着这段亲情时光,玩得不亦乐乎。

像她们这么大年纪的女孩也并无太大差别。我会定期与几组高中女生开展团体心理咨询。以往从她们口中,我时常会听到满含无奈的"无聊"以及透着落寞的"孤独"之类的词语。但在这段时间里，她们的神情中似乎都透露着一种如释重负，仿佛都不约而同地长舒了一口气，那口气像是在心底积压了无数个日夜一样。我问这些女孩：在居家的这段时间里，你们希望把什么习惯继续带入到后疫情时代？她们会说"和家人一起玩游戏""在社区里散步""在户外尽情玩耍""温馨的家庭聚餐"，以及"拥有静心思索的时间"等之类的话。一个女孩说道："我以前从没发现我竟然喜欢独处，但我现在真的很享受！"

其中一个小组里有个女孩，是典型的过度忙碌者。她不仅是田径队的一员，还积极参与学生会事务，同时活跃于戏剧舞台，并且在一个关爱患癌儿童的公益组织担任志愿者……而且她的学业成绩十分优异，门门功课都是 A。她也会来参加每周的团体心理咨询，但却常常因为行程冲突而缺席或迟到，或不得不提前离开。她总是感到压力重重。

这听起来是不是有点耳熟？

当我问这个小组的成员，希望自己疫情过后的生活变成什么样子时，这个女孩说道："我希望自己能铭记这段时光的点点滴滴。我决心不再像过去几年那样，让自己的生活被无尽的事务填满。曾经的日子实在太过疲惫。而如今，得益于这段额外的闲暇时间，我正在积极地探寻我是谁。"

在此之前，她所在小组的女孩们每周都会提出同样的建议："你为什么不减少一项活动？"她们会问。然而她的回答始终如一："我就是做不到，我根本不知道该放弃哪一项。"她一直处于这种长期的、轻微的焦虑状态之中。有时候能够勉强撑上几个月，但随后便会陷入崩溃的境地。这种状态对她的身心造成了极大的损耗。

这听起来是不是又有点似曾相识？

我还记得另一个女孩，她曾对我说，即便深知自己的活动安排过多，且这些活动让自己饱受焦虑的折磨，但她依旧不愿放弃任何一项。她坦言："焦虑感是我前进的动力。"她能靠着这种焦虑状态坚持好几周，然后就会情绪崩溃，变得极度易怒和烦躁，像一只困兽，甚至会对着母亲大声叫嚷。

这实在让人不堪重负。当女孩重新审视自己的生活规划，就好像在查看一张被各项事务占满的饼图时，她是否也有类似的感受？她能否从这两个女孩的经历中找到自己的影子？如果她正在与担忧和焦虑作斗争，我衷心地希望她能够静下心来，认真且深入地思考，并与你们倾心交流——想一想，自己究竟可以放弃些什么。

写下至少一件你觉得女儿能够舍弃的事，如果能想到更多，那自然更好。

你认为是什么因素让她在做这个决定时感到犹豫不决？

如果她不想放弃某件事情的原因是为了取悦他人，就像担心会冒犯老师、教练，或是伤了朋友的感情，那么，在这一点上，请她必须清楚：在这世上，自己的心理健康才是重中之重。她的老师、教练还有朋友最终都会理解她的。实际上，当她的身心得到充分的休息时，她能给予他人的帮助和传递出的善意，远比在身心俱疲时要多得多。所以，这根本不是自私自利，恰恰相反，从长远的角度来看，这样做会让她拥有更强大的力量去付出、去关爱他人和拥抱生活。

内在因素

气质的馈赠

我能感觉到,上一部分内容对女孩而言读起来或许有些痛苦。因为我真心觉得自己懂她。之所以会有这样的感觉,其一,是因为女孩如此想要战胜内心的忧虑,才会寻求帮助;其二,每一个与担忧和焦虑苦苦周旋的女孩,都存在一些共通之处。

这些共通之处,与我们所说的"气质"息息相关。气质和她的个性有几分相似,却又比个性更为深邃。《每日科学》(*Daily Science*)曾有一篇文章指出,气质被定义为"基于生理基础的不同,人们在情感与行为上对世界做出反应时存在的个体差异"。文章还进一步指出,"在婴儿时期的气质是后来人格形成的基础"。也就是说,气质是从你生命伊始便获得的独特本质。关于你的特质,我深知以下这几点是确凿无疑的:

- 她聪慧非凡(这意味着她拥有智慧,而且这种智慧充满着灵动的创造力)。
- 她尽职尽责(这意味着无论做什么,她都想要把事情做好）。

- 她内心温柔细腻（既对他人关怀备至，也十分在意自己在他人眼中的形象）。
- 很多事对她来说都意义重大（他人的境遇总能深深触动她的内心）。
- 她做事会竭尽全力（对自己所做的几乎每一件事情都全力以赴）。

上述这些特质，你的女孩具备多少？我几乎敢肯定，每一条都与她相符。我也能想象，要承认这些并不容易，毕竟她不想给人留下自吹自擂的印象。但事实是，这就是她的气质特点，是她的特别之处。所以，当她认可这些天赋时，应该为自己与生俱来的独特和优异而感到自豪。在这里，她大可坦然地承认这些优点。

既然我们已经清楚地认识到她有多优秀，那就可以深入探讨一下这背后的意义了。我小时候，也就是在20世纪70年代的时候，我们还没有iPhone，甚至连iPod都没有。实际上，当时连CD和磁带都还没出现，我们听音乐用的是唱片。你或许对唱片并不陌生，毕竟在当下，它们又重新焕发魅力，再度流行起来。唱片有33转的，其内容相当于一整张专辑（说来有趣,在那个音乐以实体唱片形式存在的年代,"专辑"一词应运而生。如今大多数音乐通过手机播放,我们依旧沿用了这个称呼)。唱片还有 45 转的,它比较特别,其中一面是一首歌,另一面则是另一首歌。人们购买 45 转唱片,往往是冲着那首在电台里颇受欢迎的单曲。但歌手也能借此契机,让听众有机会接触到他们的另一首作品,因为这首歌就藏在唱片的反面。只是这首反面的歌曲,通常并非专辑中最为耀眼的存在。

我们先前谈及的那些与性格特质相关的天赋,恰似这 45 转的唱片一般。它们有出色的一面,但当你把它们翻转过来时,看到的却是另一番景象,这一面未必尽善尽美,有时甚至会给我们带来麻烦。可以说,我们所拥有的每一种天赋,在反面,都是一种限制。不过,我真的不喜欢这个措辞。我们不妨将其称作天赋的"另一面"。现在,让我们重新回到天赋这个话题,深入探究一下它的反面如何吧。

- 她聪慧过人,这意味着她心思细腻,洞察入微。当她的某个朋友对她表现出不悦时,她能敏锐察觉;她会留意到自己是

团队中最后一个被选中的队员；她还能通过种种迹象推断出，在朋友们的群聊中，唯独她未被拉进群。其他女孩或许会忽略这些细节，但她不会。她如此聪明，这固然很棒……但这同时也会让她感到艰难。

- 她责任心强，不只是想把这一件事情做对，而是事事力求完美。她不懂得何时该对某些事放手。对她而言，仅仅得到一个 A 还不够，她追求的是满分甚至更高。这并非因为她想胜过他人，而是一心想要超越自己设定的标准，而这个标准高得超乎寻常。

- 她心地善良且重情义。她总是努力避免冷落他人，生怕自己的言行让别人觉得她不友善。因此，她会反复回想自己对朋友或熟人说过的话，确保没有说错话，没有举止失态，也没有伤害到他们的感情。

- 世间万物在她心中都有分量。其他女孩似乎对很多事都能一笑而过，可她却总是把一切都放在心上。她不仅在意别人的看法，有时甚至会对此念念不忘。当她的某个朋友沉默寡言时，她不会想到朋友可能只是当天心情不好，而是会下意识地认为是在生她的气。

- 她凡事竭尽全力，却不懂得何时该停下，也不知道怎样适可而止。无论事情多么微不足道，只要她着手去做，就会全力以赴。至少在外面，她觉得每一个细节都必须妥善处理，而且要用正确的方式。家，或许是唯一一个她不必时刻都拼命努力的地方，可结果往往是，她会把心中的沮丧和懊恼发泄在妈妈或弟弟身上。这并非出自她的本意，但却总是不由自主地发生。然而在其他地方，她都努力做到态度亲和、取得优异成绩、成为团队领袖、包容他人，努力去做好方方面面的事情。如此一来，压力便如影随形，又回到了她的身边。

在上述那些天赋的"另一面"所带来的问题中，你觉得你的女孩有多少与她自身的情况相符？你又是如何看待自身天赋的反面在生活中的表现的？

女孩的天赋和它的反面特质原本就是一体两面。若要摒弃反面，天赋也将不复存在。那些美好的天赋，正是她的独特标识。依我之见，有时就像很难调低音量的音响一样，我们也难以把控天赋的负面因素所带来的影响。而当女孩试着把这部分"音量"调小，就能更多地发挥天赋的正面能量。我相信，我们终会达到这个目标，这也正是本书的主旨所在。天赋正如其名——是她的珍贵礼物。然而，焦虑却会抓住她的天赋，将其翻转，让她不断地受挫，并陷入困境。这就如同游乐场里的单环过山车，无限循环。此外，还有另外一种特别的过山车，我也想和你聊聊。

成长的过山车

我记得，当我跟年纪较小的女孩们说起上述有关她们自身的特点——聪明伶俐、尽职尽责、富有爱心时，她们的脸上总会绽放出如花朵般灿烂明媚的笑容。我会问："是这样吗？"她们每个人都会点点头，大声回答："没错！"然而，对于像你这么大年纪的女孩来说，情况却截然不同。

当我和与你同龄的女孩讲，我是如此坚信，拥有生命与魅力的她是多么美好时，我得到最多的回应可能仅仅是一句"大概是吧"。我猜你的女孩也会给出类似的回答。这其中的原因比较复杂。诚然，那些优点和特质的确存在。但正如我们刚刚探讨过的，有时候这些优点也会给她带来麻烦，或许她甚至都

第二章 为什么是我的女儿？

不再确定自己是否还相信这些优点了。又或者今天她深信不疑，明天又将信将疑，起起伏伏，就像乘坐一列单环过山车一样。

在近期的一次民意调查中，有1300多名8~18岁的女孩接受了调查。她们要在0~10分的范围内对自己的自信程度进行打分。结果显示，在8~14岁之间，女孩们的自信程度大幅下降了30%，从原本的8.5分降至6分。降幅相当明显。

那么，你的女孩今天会给自己的自信程度打多少分呢？

在上小学的时候，她的自信程度如何？

你觉得她的自信程度为什么会下降？

她发生了哪些变化？

我猜，她除了长高了一点，变聪明了许多，以及对自己的看法有所不同之外，她并没有什么本质上的改变。我希望这个调查能提醒你另一个非常重要的事实：这些变化是完全正常的。她并不是唯一一个在青春期开始时，自信心骤然下降的人。

我还希望你现在就放下这本书，去网络上搜索一个词条"Always like a girl"。这是一则广告，我在美国各地的家庭教育研讨会上都会播放，目的是让家长们了解像你女儿这么大的女孩的内心感受。你是否能产生共鸣？我确实见过成千上万的女孩，在青春期时和广告里的女孩一样，自信程度明显下滑。我

第二章 为什么是我的女儿?

想,在青春期开始后的这些时光里,她或许也会觉得自己没那么自信了,不太敢大胆分享自己的想法,在人际交往中也没了往日的笃定,还有许许多多的方面都过得"不如从前"。我们会在第八章再度探讨这个问题,不过有件至关重要的事她得清楚:这些所谓的"不如从前",和我们在本章开头提到的"过度"与"不足"一样,并不能真实地定义她。她就是她应该成为的那个人,正处在她人生中应该处于的位置。

她观念的转变,与身体和大脑发生的变化息息相关,而这些变化会影响她的思维方式。我们稍后会详细讨论她的思维,现在让我们先来谈谈她身体里正在发生的事情。当她进入青春期,以及在月经周期逐渐规律的过程中,她的身体会发生一些显著的变化。别担心,我不会过多谈论月经的事,以免让你感到尴尬。我只想说,从科学角度而言,月经不仅会影响她的情绪,还会改变她对自身的看法。这一点她心里有数,毕竟每个月都有切身体会。但我想和你聊一些你可能不知道的事情。

在她还是个稚嫩的小女孩,正努力地蹒跚学步和牙牙学语,并尝试掌握人生各种重要技能的时候,不难想象,她的大脑正以惊人的速度发育着。随后,步入小学阶段,大脑的发育节奏放缓,进入一段平稳期。每个女孩的成长轨迹都有所不同。然而,随着青春期逐渐临近,激素如同被释放的江河,在大脑中风驰电掣般地奔腾，大脑发育又重新加速。它发育得如此之快，就好比一股超强的电流，一股脑儿地涌进了老旧房子的电线里。你是否有过这样的经历，一打开吹风机，屋里的灯就开始一闪一闪的？这是因为电流过载，电线难以承受。在青春期的岁月里，她的大脑就如同陷入了"短路"状态一般。发育进程过于急促，大脑一时间难以适应。当大脑短路时，主要会影响两件事：她的记忆力和自信心。说来也巧，我们之后会讲到，焦虑**同样**也会在记忆力上"搞破坏"，而且还会严重削弱自信心。所以，从焦虑与成长发育的双重角度来看，她面临着双重打击。这两大因素都会使得她的自信心逐渐消沉。加之这些年大脑的思维方式在其他方面也发生了诸多变化，这一点我们留待之后深入探讨。此刻，不得不说，她的自信心正遭受着诸多挑战。她有很多理由**忽视**自己那些熠熠生辉的天赋，反而沉浸在天赋带来的负面情绪中。但我衷心地期望，我们能够像翻转唱片一般，扭转局面，重拾那份属于她的自信光芒。

她聪慧过人，像一颗闪耀的星星。
她责任心强，做任何事都精益求精。
她善良又重情义，心里总是装着别人。

第二章 为什么是我的女儿?

她在意周围的一切事物,是个心思细腻的姑娘。

她无论做什么都拼尽全力,不轻易认输。

让我猜猜,她还特别友善,就像春天里温暖的阳光。

并且我坚信,她很勇敢。

"忧虑私语怪"试图蛊惑她,让她觉得自己身上那些美好的特质都是假的。我在前文中给你们解释过焦虑:焦虑就是高估了问题,却低估了自己的能力。"忧虑私语怪"就想把女孩困在"过分担忧""自我怀疑"和"妄自菲薄"的泥沼里,让她不断地低估自己。一旦她深陷其中,就会丧失反抗的勇气,觉得自己无能为力,任由其摆布,陷入无尽的挫败之中。但我知道,这绝不是她想要的生活。我知道她心怀憧憬,渴望突破。我知道她渴望有勇气直面恐惧,挣脱忧虑的枷锁,找回内心深处那个最真实、最闪耀的自己,发现她的智慧与勇气,释放那些与生俱来的天赋。

现在,我希望她抽出 1 分钟时间,来完成一项小任务。她要把"忧虑私语怪"彻底赶出她的思绪,别让它的声音干扰到她。然后,静下心来,聆听内心深处的声音,告诉她真实的自己究竟是怎样的。

画一个圆圈吧。在这个圆圈里，认真写下你认为自己的女孩拥有的 10 种才能，这些都是她与生俱来的特质，并不是在自夸。接着，在圆圈的旁边，写下 5~10 条"忧虑私语怪"向她灌输的谎言，那些都是它企图让她迷失自我的话术。

这本书将会引领帮助女孩们更多地栖居于那圆圈的中心。这正是我们追求的目标……在这里，别人的看法不能左右她，实际上，他们也根本没这个资格。真正能主宰她的，是她内心的力量。那么，我们不妨再深入聊聊，这本书为什么能，又是怎样帮她看清并体验到，她是多么天赋异禀、聪慧过人、坚强勇敢。记住，这就是独一无二的她，是她灵魂深处的本真模样。

记住这几件事，女孩会更勇敢

- 忧虑最为糟糕的把戏之一，就是试图让我们为那些要么根本无法掌控，要么从一开始就不应自责的事情而责怪自己。
- 女孩被忧虑缠身，多数根源来自外部因素。也许是家庭环境的影响，也许是生活中遭遇的磨难所致，也许和当代女孩面临的重重生活压力脱不了干系，甚至可能是过度使用电子产品对大脑产生的不良影响在作祟。
- 女孩历经种种艰难险阻，然而凭借这些经历，在她内心将铸就更强大的韧性与力量。虽说短期内，她忧虑的程度或许会变本加厉，但一定会勇敢战胜它。她可以和信得过的长辈聊聊这些经历，这非常重要，尤其在她正深陷忧虑、愈发沉重的艰难时刻。

- 研究表明，青少年过度使用电子产品与焦虑和抑郁的高发率存在关联。它主要从以下五个方面影响着青少年的生活：它营造出虚幻的安全感，让他们在假象中寻求慰藉；它构建起虚假的人际关系，看似热闹，实则空洞；它助长攀比之风，让他们在比较中迷失自我；它会引发类似焦虑的大脑活动，悄然侵蚀内心安宁；它还会带来难以承受的压力，让他们疲于追赶潮流。

- 在我遇见过的每一个被焦虑笼罩的女孩身上，都能发现一些共同点：她们聪慧过人，认真负责，内心世界细腻而丰富，对待事情竭尽全力。然而，这些闪闪发光的特质，有时却成了加剧焦虑的源头。想要调低内心那过于强烈的关注外界与敏锐感知的"音量旋钮"，谈何容易！

- 她们正处在这样一个人生的特殊阶段。即便那些外表看似自信满满的女孩，内心的自信也会悄然滑落。这不过是大脑发育和激素变化带来的正常现象。她们总觉得自己不够好，但那只是子虚乌有的妄念。

- 焦虑，本质上是对问题的过度放大和对自身能力的低估。焦虑的"絮语"，无法成为定义她的标尺。

第三章
这将对女孩有何帮助?

不妨回忆一下，在最近的日子里，你的女孩曾深陷焦虑漩涡的某个时刻。**那是因为什么事情引起的？她又做出了怎样的反应？而她所采取的应对之举，又在多大程度上缓解了她的焦虑，效果究竟如何？**

提前透露一下：我们大多数人独自应对忧虑和焦虑的尝试往往都收效甚微。嗯，这么说吧，我们以自然方式应对焦虑是行不通的。往好了说，我们只是将焦虑暂时往后拖一拖。往坏了说，就是把焦虑强行压下去，却让它在我们内心慢慢发酵和不断滋长。

现在，如果让她从"抗争""逃跑""僵住"这三种行动反应模式的角度，再去重新想想刚才那件让她焦虑的事。如果一定要把她的应对方式归到其中某一类，你觉得会是哪一类呢？

第三章 这将对女孩有何帮助？

我向来是个"逃跑派",从童年起就是。我永远都忘不了那次和爸爸还有女童军小队一起去鬼屋的经历。当时,我们正排着队,听着鬼屋里其他人的阵阵尖叫。我看到墙上贴着一张吸血鬼海报,那不是真的吸血鬼(这里指由一个真人装扮成的吸血鬼),甚至画面也不是特别惊悚。现在回想起来,那可能只是个吸血鬼的大致轮廓,在我印象里,反倒更像动画片《芝麻街》(Sesame Street)里的伯爵。可眨眼间,我就趴在地上,从排队人群中一路倒着爬,逃出了鬼屋。直到我逃出了那栋房子,爸爸才发现我已经不在队伍里了。

随着年龄渐长,我越发深刻地体会到,在生活中更为深入和关键的方面,类似情形反复上演。这早已不是单纯应对虚惊一场式的恐惧的反应,而是在面对担忧、焦虑与压力时,我内心深处的惯性回应。就比如和朋友闹矛盾这种令人头疼的状况,我常常不自觉地选择逃避。我会刻意疏远对方,找各种借口推脱见面。好在过去几年,我终于迈出了重要一步,开始尝试直面这些令人不安的状况,鼓起勇气将事情摊开来说清楚。当然,我说的可不是再去挑战鬼屋,那种经历我是绝不想再有了,而是去勇敢地处理那些更重要、更棘手,关乎自身成长和重要人际关系的问题。我深信,无论是面对生活琐事,还是重大人生抉择,我们每个人都会在"抗争""逃跑"或"僵住"这三种反应模式中，做出自己倾向性的选择。

你呢，在面对类似情况时，会如何反应？

有时，"抗争""逃跑"或"僵住"被称为非自主反应，源于大脑中较为情绪化的杏仁核区域。但除此之外，我们还会经由大脑的思考区域，或是大脑潜意识的思考区域，主动做出"抗争""逃跑"或"僵住"的决定。这种反应更多是后天在生活经历中逐渐形成的行为模式，并非纯粹基于生存本能。或许起初它的确是为了应对生存危机，但时至今日，它已经在我们的行为模式中根深蒂固。

现在，请回忆一件发生在你女儿童年时期，能够体现"抗争""逃跑"或"僵住"反应的事情，并把它写下来。

请你再写一件她最近发生的类似的事件。

回顾这些事情，你觉得遇到问题时，自己的反应更偏向于抗争型、逃跑型，还是僵住型的模式呢？为了抵达想要去的目标之地，我们必须从当下所处的位置出发。换言之，在明白什么方法起作用之前，我们得先搞清楚什么方法没用。正如本章开头所提到的，我们常常采取的"抗争"、"逃跑"或"僵住"之举都成效甚微，至少无法带来长久的效果。

阻力最小的路径

抗争型反应

我写下这些内容之际，正值疫情期间。许多为了防止病毒传播而被要求关闭的企业，如今正在陆续重新开业。在这个阶段，情况既引人关注，又令人痛心，毕竟全球范围内都遭受了巨大损失。但不难想象，许多地方并未严格遵守这些规定。实际上，这些规定还让不少人恼火不已。我曾在一家餐厅门外看到一块牌子，上面写着"营业！早该一直营业！"之类的话语。想必这家餐厅的老板，一定是个骨子里更倾向于"抗争"的人。

倘若你的女孩难以判断自己的行为属于哪种应对类型，不妨回想一下面对冲突时的第一反应。并且要坦诚面对自己最初的本能反应。当有人就某事与她针锋相对时，她是否会瞬间进入自我防御状态？会不会立刻回击，竭力辩解自己的立场？或许她曾听闻"进攻是最好的防守"这句话，其核心要义便是"先下手为强，在对方攻击你之前主动出击"。不知在这种情境下，她是否感同身受？

再来谈谈你的女孩所惧怕的事情。当面对令她心生恐惧的事情时，她是否会逼迫自己迎难而上？假设她有恐高症，然而在露营时，她却第一个排队报名尝试绳索攀爬项目。又或者，她的"抗争"方式别具一格，表现为一种自我破坏行为。她会在不知不觉间，亲手推动自己所惧怕的事情发生。举例来说，她或许十分担忧自己的两位挚友相互间的关系愈发亲密，从而将她边缘化。但她并未选择与他们坦诚交流，表达内心的顾虑，反而赌气似地对他们说："你们俩自己去玩吧，别管我了。"随后，她故意置身事外，暗自观察他们是否会再次主动邀请她加入。

然而，这种自我破坏的行为往往毫无益处。最终的结果大概率是，她一直害怕会疏远你的那两位朋友，真的与你渐行渐远；又或者她贸然爬上了绳索攀爬项目的最高处，却猛然发觉，本应从最低处开始循序渐进地练习。最终，她会因此而受伤，而那些她一直害怕会发生的事情，就这样一一应验。

逃避型反应

对于有逃避倾向的人而言，实施"逃避"的方法有很多，主要归为三大类：否认、转移注意力以及逃避现实。

1. 否认

否认与假装在本质上是一回事。当我们偏向于采用这种应对方式时，常常会说出以下这类话语：

"我其实不怎么焦虑，只是手头事务繁多罢了。"

"我反复检查门锁，并不是因为我担心，只是这么做能让我心里踏实点儿。"

"我可不想琢磨这事儿，我更乐意去想想那些美好的事儿。"

在为那些习惯于否认事实的年龄较小的孩子提供心理咨询时，我通常会带他们到户外，并且带上一瓶可乐。这些孩子大多是女孩子，正经历着父母离婚，或者遭遇了其他令人痛苦且焦虑的事情。我们坐在户外，畅谈着家里、学校以及日常生活是多么"美好"。而在交谈的过程中，我会悄悄地摇晃手中的可乐。谈话接近尾声时，我会拧开瓶盖，刹那间，可乐喷涌而出，溅得到处都是。否认或假装就如同这瓶被摇晃的可乐。我们一味地压抑内心的情绪，将它们深埋心底，可它们就像瓶中被积压的气体和液体，迟早会爆发出来。这些情绪常常会毫无征兆地发泄到她的妈妈或妹妹身上，又或者以头疼、胃疼等身体不适的形式表现出来。倘若她是一个习惯否认事实的人，那她肯定完全明白我在说什么。

2. 转移注意力

我曾经的一位心理咨询师把这件事称之为"大脑糖果"。还记得那次咨询刚开始的时候，我心里直犯嘀咕，甚至怀疑自己是不是压根不应该来做心理咨询。因为咨询师的话，就像一把锐利的手术刀，精准地剖析出我内心深处那些一直极力回避的问题。但随着时间慢慢沉淀，我由衷地感激那次经历。事实上，我觉得作为心理咨询师的重要使命之一，就是引导你正视你一直刻意视而不见的自我。不然，那些无效的应对方式会一直重复，长此以往，只会不断地伤害自己。

当时，心理咨询师对我说，我已经陷入了一种固定的生活模式：工作、依赖"大脑糖果"、睡觉……再依赖"大脑糖果"、睡觉……周而复始。我不禁在想，女孩们是不是也有过类似的经历？比如，上学、借助"大脑糖果"转移注意力、睡觉；上学、借助"大脑糖果"转移注意力、睡觉……日复一日，陷入这样的循环。

第三章 这将对女孩有何帮助？

有意思的是，他并没有向我直白地解释"大脑糖果"到底是什么意思（这恰恰是遇到一位优秀咨询师的标志——他的话，就像在你脑海里点亮了一盏灯，引导你自己去探索和发现其中的联系）。在我看来，"大脑糖果"指的是那些极具诱惑、充满乐趣，能瞬间让你忘却烦恼的事物。可要是过度沉溺其中，就像吃多了糖果会腻、会难受一样，你也会感到身心疲惫。

仔细想想，对女孩来说，能充当"大脑糖果"，帮她转移注意力的东西是什么？对我而言，可能是长时间窝在沙发上看电视，或是在手机上玩毫无意义的小游戏，又或是品尝一顿丰盛的墨西哥美食，畅饮一瓶冰爽的可乐。当然，"糖果"本身并无过错，我提到的这些东西，也都无可厚非。但当我失去人生中第一只深爱的狗时，那段日子，我整天以泪洗面，不停地喝可乐。不知道为什么，可乐好像能暂时缓解我内心的痛苦，可实际上，这根本解决不了问题。那段时间，我茶饭不思，连水都不想喝，只是流着眼泪，一瓶接一瓶地灌可乐。这种做法虽然不至于太糟糕，但对我走出悲伤的困境，没有任何实质性的帮助。其实，很多所谓的"大脑糖果"，本质上都是这样，看似能带来短暂安慰，实则无法真正解决问题。

在感到焦虑或压力时，你的女儿最常借助哪些方式转移自己的注意力呢？

此外，还有一类"大脑糖果"，其性质恶劣，甚至可以用"破坏性"来形容。在我的咨询室里，也时常听闻这类事物。比如酒精、毒品、色情内容等——任何易使人成瘾的东西。饮食失调同样是一种极具破坏性的注意力转移方式，而且会让人上瘾。需要再次强调的是，任何试图让我们逃避内心真实感受的行为，都可能具有破坏性，并且只能在短时间内起到转移注意力的作用。一旦这种转移行为结束，那些被压抑的情绪便会卷土重来，有时还会裹挟着更为严重的负面影响。

3. 逃避现实

逃避现实这种应对方式更为棘手。原因在于，它往往是在潜移默化中被灌输而来的行为。在此，我绝非有意指责做为父母的你们，但或许你得找个恰当的时机改变一下方式了。

第三章 这将对女孩有何帮助？

我永远忘不了那次，目睹一位母亲在我面前，教她的孩子用这种"逃跑"的方式应对问题。当时，我正走过"明日之星"大楼的大厅，我的狗狗露西紧紧跟在我旁边。为了让你能身临其境，容我先描述一下露西：它体重仅有4千克，高约25厘米，浑身毛茸茸的，身形都快被那蓬松的毛给掩盖住了。不过这话，你可千万别告诉它。它已经11岁了，嘴里的牙齿大多都掉光了。在狗当中，露西完全不具备让人感到害怕或焦虑的特质。再次提醒，可别告诉露西我是这么评价它的，它一直觉得自己威风凛凛，相当吓人呢。就在我和露西走过大厅的时候，一个小女孩突然尖叫起来。我立刻环顾四周，满心疑惑，试图弄清楚究竟发生了什么状况。这才发现，原来她正用手指着露西。她的妈妈迅速将她抱起，把女儿的脸紧紧贴在自己胸口，而后冲我大声呵斥道："别让那狗靠近我们！"这位母亲的举动，无疑是在教女儿逃避。

我多么希望，当时她妈妈能够站起身，主动走到露西跟前，哪怕先把女儿安置在沙发上，确保处于安全距离之外也好。我希望她能缓缓蹲下身子（毕竟露西身形矮小，毫无威胁性，得蹲得很低才行），轻轻抚摸露西，温柔地说道："多可爱的狗狗呀！"我期望她能以实际行动，为女儿树立起直面恐惧的榜样——不是与之激烈对抗，而是心平气和地去正视它。

然而，在日常生活中，我们每天都在逃避着内心的恐惧。就拿我自己来说，上高中时，我从来没有选修演讲课，那是因为我讨厌在众人面前讲话（真是世事难料啊，你看，如今我的工作内容之一，竟是在成千上万人面前发表演讲，有时候就是这般充满了戏剧性和讽刺意味）。在我们成长过程中，父母本是出于关爱想要帮助我们，却常常在不经意间，助推了孩子逃避心理的养成。研究表明，在面对恐惧与焦虑时，人们最普遍的反应便是逃离与回避。当然，父母对孩子的爱是深沉无私的，父母不忍心看到孩子陷入痛苦之中。平心而论，能不用承受那些痛苦，对孩子们而言，短期内确实是一种"舒适"的选择。

也许，你的女儿因为依赖你们，不愿离开你们身边，所以她从不在朋友家留宿，也不去参加青少年活动或是夏令营。即便是内心深处对活动充满着好奇和向往，她也始终未曾迈出尝试的第一步。

也许，她自认为在体育方面缺乏天赋，生怕自己在团队运动中表现不佳，让队友们失望，所以干脆放弃了参与体育项目。以至于如今，她几乎远离了所有体育运动。可每当回想起那些本可以在球场上挥洒汗水、尽情奔跑的运动时光，心中总会泛起一丝难以言说的失落，感觉自己错过了许多宝贵的经历。

也许，她在人群中容易感到焦虑，所以逐渐远离了同龄人的社交圈子。如今，就连去上学都成了难事。

如果她正在以这种方式逃避，我敢说，她应该已经预感到了我接下来要说的话。回首过往，我曾无数次因恐惧而对某些场景望而却步，每次过后，满心都是遗憾与失落。当然，我并不是想让她时刻勉强自己去做所有的事，让自己身陷压力之中。我真正想说的，是那些藏在她心底，暗自期许，却只因焦虑和恐惧，而一直被错过的事情。别让这些期待，在岁月里渐渐枯萎，试着鼓起勇气，去拥抱那些本就属于她的精彩。

有没有这么一件事，当初你的女儿因恐惧而选择放弃，即便从未向你倾诉，但你觉得她的心底始终对此后悔不已？

我深信，当我们勇于面对挑战和困难时，内心会涌起一股难以言喻的成就感与自豪感。这并不意味着我们要去征服所有的难题，而是在人生漫漫长路中，勇敢地经历几次，去直面几次那些让我们望而却步的挑战。当我们不再任由担忧与焦虑束缚自己，阻碍自己成为更好的人时，我们才会处于最佳状态。

那种由内而外散发的自信与力量，将变得无与伦比。

勇气是自信的基石。可或许此刻，勇气对你而言，仿佛是天边的星辰，难以触及。也许过去，她因为害怕而一次次选择逃避，久而久之，你甚至开始怀疑自己的能力，觉得自己什么都做不好。

但请一定记住，焦虑不过是对问题的过度放大，又同时是对自身能力的严重低估。其实，在困境的背后，总有一条更为光明的道路，一种更好的解决方式。我相信，它马上就会出现。

僵住型反应

倘若她面对事情时，总是倾向于陷入僵住状态，那她大概率会被无助感所笼罩。她眼睁睁地看着可怕的事情步步紧逼，它越是靠近，她就愈发觉得双脚像灌了铅般沉重。她心里清楚，必须完成那篇研究论文，可截止日期却在不经意间与她擦肩而过。她好像被施了定身咒，无论如何也无法驱使自己动手去做。这并非源于刻意逃离或回避，而是陷入了一种动弹不得的麻痹状态。这只会让她在事后对自己感到黯然神伤或懊悔不已。

在我的心理咨询室中，还常常出现这样一种现象：部分女孩之所以选择僵滞不动的状态，并非纯粹出于自身的恐惧，而是背后另有隐情。或许起初，她们确实怀有一定的恐惧，但，因恐惧而引发的他人的关注，相较于战胜恐惧后所收获的自信，似乎对她们而言更具吸引力。

"我患有焦虑症"，或者"我这周的焦虑真的很严重"，有些女孩轻描淡写地说出这些话，仿佛将其视作一枚荣耀的勋章。毋庸置疑，有些女孩确实是出于内心深处的悲伤与脆弱说出这些话，她们渴望得到帮助，也希望能与他人倾诉自己的挣扎。然而，对另一些女孩而言，这并不是她们痛苦的根源，尽管她们能将其描述得声泪俱下。但实际上，焦虑已然成为她们引以为傲的资本。对这些女孩来说，焦虑不再是需要奋力对抗的难题，反倒成了她们自我身份认同的特质。她们借此吸引他人的目光，甚至让别人将自己视为与众不同的存在，就这样，任由焦虑侵蚀自己，成为自己的一部分。

在这几年乃至未来的漫长岁月里，她最重要的事，就是弄清楚自己想成为什么样的人。她正在塑造自我，这也是她在第二章中所画的那个"自我认知圆圈"的关键。那么，不妨问问她自己，她想如何定义自己？这个问题，她是否曾在心底反复思索过？

我衷心希望，她能够用自己的天赋来定义自己。是的，她可能会感到焦虑，但请坚信，就算焦虑缠身，她也比它更有力量。

也许她会感到悲伤、抑郁，甚至可能需要服用药物来缓解当下正经历的焦虑或抑郁情绪。但即便如此，这些都只是暂时的，无法定义真正的她。

别让短暂的事物拥有永久性的影响力。

别让一个微不足道的部分，决定了她整个人生的走向与价值。

别让一时陷入的困境，成为困住她一生的枷锁。

我希望她能从多重维度定义自己。通过那些令她满怀热忱的事物、与生俱来的天赋、她所珍视的人与物，以及那些能让她焕发光彩的东西来定义自己。我希望她明白，她被深深爱着，这份爱来自于至高存在。它绝不愿她被任何片面的标签所禁锢，它期待她展现出最完整、最真实的自我。她要以这份深沉的爱为基石，去发现自己，定义自己。

我最钟爱的名言之一是："你是这世间独一无二的孤本，你的生命注定以一种无可替代的方式，向世人昭显那至高存在的独特光辉。"

当她深陷僵滞状态，或是在抗争与逃避中徘徊，她就无法真正成为那个独特的自己。身处于这个令人焦虑不安的世界，她更加无法以全然自由的姿态去生活。但请相信，一定存在着更好的生活方式，引领她走向广阔的天地。

第三章 这将对女孩有何帮助？

少有人走的路

在我像你这么大的时候，美国诗人罗伯特·弗罗斯特（Robert Frost）的《未选择的路》（*The Road Not Taken*）曾是我最钟爱的诗篇。直至今日，它依旧在我心底占据着特殊的位置。不知你是否也曾读过？这首诗的末尾写道："我选择了人迹更少的一条，从此决定了我一生的道路。"

我由衷地相信这本书，与其说是这本书本身，不如说是在与忧虑和焦虑抗争中的那份勇敢，能够带来天翻地覆的变化。我相信这份勇敢能让女孩获得自由，成为真正的自己。

在这本书的下一篇章，我们将探讨一些切实可行的方法来帮助女孩。我们会更多地谈及"忧虑私语怪"最常见的把戏，并教会她对抗它的最得力法宝。

所有的方法都是我在心理咨询室里每日所用的。其中有许多源自于一种名为认知行为疗法的治疗方式（CBT）。CBT是针对焦虑领域研究最为广泛的一种治疗方法，其效果显著，已被广泛验证。但关键在于你必须付诸实践，不断练习。

从我多年从事心理咨询工作的经验，以及为撰写本书所做的大量研究中，我领悟的到最重要的道理是：若想战胜焦虑，女孩必须去做那件令你心生恐惧的事情。不仅如此，她还需要一次又一次、一遍又一遍地反复练习，直至克服。

如果没有外界的助力，她很难独自做到这一点。别担心，我们会循序渐进，携手共渡。在这个过程中，我会教给你许多有用的方法，帮你的女孩战胜"忧虑私语怪"。

记住，"忧虑私语怪"是个骗子，它十分狡猾，会想尽各种办法来对付女孩们。起初，它会攻击她的身体，试图让恐慌情绪占据上风，进而触发她身体里各种无端虚假的警报。紧接着，它会扰乱她的思维，试图在她脑海中植入"你无法战胜焦虑"的念头。但它大错特错，她的力量远超它的想象。最后，它还会侵蚀她的内心，试图劝服她放弃面对那些令她心生畏惧的事，让她认为自己时机未到、能力不足。它会使出浑身解数与她对抗，但她勇敢无畏、聪慧过人，有着无穷潜力，完全有能力战胜它。在她面前，"忧虑私语怪"根本没有胜算。

然而，唯有坚持不懈地练习，她才能击败它。此刻，我们能不能做个约定？我会将对抗焦虑的所有经验都毫无保留地传授给她，助她战胜这位"忧虑私语怪"，但她得答应我，不仅要去尝试，更要持之以恒地练习。多年来，它一直试图给女孩洗脑，让她对它的谎言深信不疑。所以，要让她彻底认清它的真面目，感受到挣脱束缚后的自由，获得在踏上那条少有人走的路时的自信，这需要持久的时间，绝非一朝一夕。

女孩，一定能做到的。

到目前为止，你收获了哪些心得？

如果你的女孩的朋友正深陷焦虑之中，你会给出怎样的劝慰与鼓励？

记住这几件事，女孩会更勇敢

- 当焦虑来袭，大多数人往往会倾向于采取抗争、逃避或僵住这三种应对方式。这些反应可能是出于不由自主的本能，也有可能是我们经过思考后做出的选择。
- 抗争，意味着毫不犹豫地投身于对抗令我们恐惧的事物之中，有时甚至会有意无意地促使那些我们最为畏惧的状况发生。
- 逃避，意味着我们想尽一切办法躲开害怕的事物。我们通过否认事实、转移注意力、逃避现实等方式，竭力躲避让我们不安的一切。
- 僵住，意味着我们要么已经被担忧与焦虑麻痹，动弹不得，要么放任自己深陷其中，无法摆脱困境。有些女孩可能会误以为，把担忧和焦虑当作挡箭牌能帮助自己缓解不安。但实际上，这种"缓解"只是短暂的假象。
- 当我们勇敢地克服困难与挑战时，自我认同感会达到顶峰。不过，这里并非指挑战所有难事，在人生旅程中攻克几件，便已足够。当我们不再让担忧和焦虑阻碍自己成为理想中的人时，我们的自我感觉最佳，因为勇气会催生自信。
- 认知行为疗法（CBT）是目前针对焦虑症研究最为广泛、深入的一种治疗方法。本书中所介绍的该方法的技巧，能为女孩提供有力支持，但前提是只有通过持续练习，才能使其发挥出真正的效果。
- 要想战胜焦虑，女孩必须鼓起勇气，直面那些令你感到害怕的事物。不仅如此，她还需要一遍遍地反复练习，直至战胜内心的恐惧。

Brave
A Teen Girl's Guide to Beating Worry and Anxiety

赋能女孩的身体

滋养女孩的头脑

呵护女孩的心灵

第二部分
帮助

第四章
赋能女孩的身体

让我们再次展开想象吧,你的女孩正坐在我的心理咨询室里。我坐在舒适的咨询椅上,她则安坐在沙发一侧,身旁是露西。此刻,露西可没乖乖端坐着,而是正欢快地挥舞着小爪子。我之前和你提过露西会这招吧?这可是它的拿手好戏——只要一声令下,它便会迅速抬起小爪子,有模有样地挥舞起来。有趣的是,即便没有指令,它也常常兴致勃勃地主动表演。要是我和女孩此刻真的置身于这间咨询室,此刻它肯定正目不转睛地注视着她,一边卖力地挥动小爪子,一边满心期待着她能伸手摸摸它,或是暗示我起身,给它拿些美味的零食。实际上,每次咨询伊始,它总会这般热情地"表演"一番,这场景有时确实会让人有点分心。好了,言归正传。我坐在椅子上,露西也渐渐安静下来,正紧紧依偎在她身旁。

我希望她能更详细地向我描述一下,最近一次焦虑发作时的情形。 她是否可以在脑海中清晰地再现那一幕,仔细回想周遭的一切。当时她在哪里?谁在她身边?周围是否有交谈声?她听到了哪些话语?又看到了哪些场景?接着,将注意力聚焦到自己的内心世界。回忆一下,焦虑是从何时开始占据她的内

第四章　赋能女孩的身体

心的？她身体的感受如何？情绪又受到了什么影响？之后她采取了什么行动？又是如何应对并逐渐平复的？**我希望她把这些问题的答案写在下面，就如同此刻她正与我和露西一同坐在我的咨询室里，面对面坦诚交流一般。**

当我们对"忧虑私语怪"的特点和招数了解得越透彻，我们战胜它就越轻松。在这本书的这一章，我们不仅会深度剖析它的种种手段，还会为你详细阐述应对之法。我们将深入探讨"忧虑私语怪"最具迷惑性的把戏，以及她在这场对抗中可以使用的最佳工具。

目前，关于"忧虑私语怪"，我们已经明确了以下几点：

- 它是个骗子。
- 它是个孤立者。
- 它让人困惑不已。
- 它还很"聪明"，只不过是贬义的。

它的狡猾之处还在于，它会试图从多个维度趁虚而入，向她发起进攻，令她防不胜防。在人们惯常的认知里，焦虑只是一种情绪。但实际上，它在我们的大脑和身体内部也会引发一系列真实可感的生理反应。正因如此，这也是焦虑令人如此困惑的原因所在，让人难以察觉到它其实就是主导"忧虑私语怪"在暗中作祟的主谋。所以，通常在我们尚未意识到它的存在时，它就已经悄然侵袭，让我们陷入困境。

"忧虑私语怪"操控身体的诡计

大脑中的虚假警报

我希望你能跟上我的思路，耐心地听我道来。因为接下来，咱们要上一小会儿科学课。就当作是开启"焦虑大脑101"的基础入门课程吧。

假设一个场景，你和我正安然坐在我的办公室里。此刻，我们的大脑中，血液正有条不紊地流动着，其中一部分会流向一个关键区域——前额叶皮质层。前额叶皮质层在我们的日常生活中发挥着十分重要的作用，它协助我们进行理性思考，妥善管理情绪，让我们能够沉稳、理智地应对生活中的种种挑战。

第四章 赋能女孩的身体

接下来，我希望你去想象一件令你害怕的事情。比方说，有人突然打断我们安静的交谈，砰砰敲门并大喊大叫。于是，你大脑中的血流会立即发生改变，血管收缩，原本供应给前额叶皮质层的血液，会加速转移至杏仁核。杏仁核由位于大脑两侧后部的两个小巧的杏仁状区域组成，它们紧密协作，宛如一个整体。所以为了方便理解和阐述，我们通常将其视为一个统一的结构——杏仁核。值得留意的是，虽然它看似一体，但实际上是由两个部分相互配合，共同完成储存和解读情绪的重要任务。

杏仁核有多种功能，它不仅与愤怒、攻击性以及恐惧情绪等紧密相连，甚至在你与所爱之人建立情感纽带的过程中，也发挥着不可或缺的作用。与前额叶皮质层不同，杏仁核并不具备思考和推理的能力，它的主要特性是本能反应。而且，它的反应速度极快，往往在前额叶皮质开始思考之前，就已经率先做出反应。也正因如此，这里简直是"忧虑私语怪"活动的绝佳游乐场。

要是真有人贸然闯入，打断我们的交谈，一边疯狂砸门，一边歇斯底里地叫嚷，你会怎么做？跳起来冲到房间的另一头？还是自己也跟着大喊大叫？我想，如果是这时候，我和露西一定会马上冲向门口保护你，尽管我不确定我俩看起来到底能有多吓唬人。但这又回到了老问题上：遇事是抗争、逃避，还是僵在原地。大脑中的杏仁核正是会在瞬间（几分之一秒内），就会触发抗争、逃避或僵住反应的区域。

这并非出了差错，而是你的一种生存本能。实际上，一旦杏仁核被激活，你神奇的交感神经系统便会即刻启动，一系列身体反应随之而来：

- 心跳加速，为身体供能，随时准备应对挑战。
- 呼吸急促，促使氧气进入身体，满足紧张状态下的需求。
- 肌肉的血液流量增大，葡萄糖供应增多，让肌肉获得更充沛的能量。
- 消化活动减弱，将能量分配到应对危机的关键功能上。
- 瞳孔扩张，接收更多光线，敏锐察觉周围环境的变化。

你是匠心独运的杰作，你的身体已经有了对威胁做出迅速反应的能力，以确保你的安全。在短短不到 1 秒的时间里，你的身体就能借助杏仁核迅速进入备战状态，跑得更快，战斗得更强，甚至能将敌人看得更加清晰。

但问题在于，杏仁核堪称发出虚假警报的行家。它会为各种情境赋予情感意义，进而形成情感记忆。心理学家凯瑟琳·皮特曼（Catherine Pittman）曾说，这就好比在记忆上"贴"

上了一张便利贴。你过去有没有过这样的经历？你是不是会对那些并没有真正威胁到你的事物产生过激反应？

我感觉自己的杏仁核简直过于活跃了，稍微有点风吹草动，我就容易受到惊吓，还会发出尖叫，因此常常让自己出糗。就拿在"明日之星"工作室来说，我好几次转过拐角突然看到同事时都会忍不住尖叫起来。当然，同事并不会对我造成什么威胁。可不知怎么回事，我的杏仁核就像是贴上了一张"有人突然靠近很危险"的便利贴。显然，我的杏仁核判断失误了。其实，你的杏仁核也会这样。

杏仁核在危急时刻确实能派上用场，但可不能轻易地相信它。在第六章里，我们会探讨目前唯一被证实有效的重新训练杏仁核的方法。但当下，我们的首要任务是让它镇定下来。毕竟，如果连让它平静都做不到的话，又何谈训练呢？要是无法安抚杏仁核，我们的身体就会马上响应它发出的混乱信号，如此一来，我们（确切地说是我们的身体）可就真的有麻烦了。

身体里的虚假警报

在我的那本写给小女孩的书里，有一个身着超级英雄披风的可爱女孩插图。我让女孩们在这个小超级英雄身上，标记出自己在身体的哪个位置最先察觉到焦虑情绪。实际上，每当我遇到爱焦虑的女孩,无论她们年龄多大,这都是我最先问的问题之一。

　　有的女孩会跟我说,是肚子最先开始疼起来的。有的女孩说,手掌心不知道什么时候变得湿漉漉的。还有些女孩说,胸口会有点发紧,就像被勒住一样感到憋闷。还有个女孩的说法特别新奇,她告诉我,她最先在头上佩戴着的蝴蝶结上感觉到了焦虑。我其实不太懂那具体是什么感觉,但这个说法听起来格外可爱。和你的孩子年纪差不多大的女孩,常常会说自己胃痛或头痛。有的还会觉得头晕、呼吸困难。甚至有个女孩告诉我,数学考试一紧张,眼前的数学题就好像在水里打着旋,不停地晃动,根本没法集中精力。

　　要是让你的女孩在超级英雄的轮廓上(悄悄告诉你,这个超级英雄其实就是你自己),把她第一次感到焦虑的位置画出来,她打算画在哪里?要不就在这里,认认真真画一个穿着超级英雄战衣的自己,然后详细写下,她在哪个部位最先察觉到焦虑以及那种感觉到底是什么样的,好吗?

密切关注焦虑对身体的影响，这非常重要。杏仁核不会通过言语来交流，而是会通过它所引发的身体感受来传递信息。糟糕的是，杏仁核真的会让你感觉不适。头疼和肚子疼都是真实存在的，哪怕医生可能已经跟你讲过，从医学角度找不到什么依据。于是，现在的你不仅要承受头痛或胃痛的煎熬，还会因为这种糟糕透顶的感觉，而陷入对恐慌状态的焦虑。不过，幸运的是，我们有办法打破这个局面。我们也许没办法让那些引发焦虑的状况彻底消失，毕竟在这个并不完美的现实世界里，这些都是生活中不可避免的一部分。但我们能够平息焦虑引发的虚假警报，不让那些引发焦虑的状况在我们的大脑和身体里兴风作浪。越早介入，阻断这个过程，就越能从各个方面有力地战胜"忧虑私语怪"。警报声持续的时间越长，它的影响力就会像涟漪一样，扩散得越远。要不了多久，受到影响的就不仅仅是我们的大脑和身体，我们的情绪也会被搅得一团糟。

情绪警报器

警报声总是格外刺耳，一旦响起，便会搅得周遭不得安宁。你的杏仁核亦是如此，而且从你小时候起，它可能就一直是这样。我接触过许多家有焦虑女孩的家长，他们最常跟我念叨的就是这两件事：

1. 她太情绪化了。多数时候是生气发火，有时也会掉眼泪，而且哭得还挺凶。

2. 只要她情绪一上来，我怎么劝都没用。

或许你还有印象。女儿小时候，她想着还能再玩半小时，可你却偏要催她上床睡觉。她好说歹说，想让你同意她再多玩会儿，可不知怎么回事，她突然就情绪失控了，躺在地上大喊大叫。还有一回，妈妈在她去上舞蹈课前你给她梳头发，可头发怎么都弄不平整，这一下就把她惹火了。你说得一点没错，只要她心烦意乱，别人再怎么劝说都无济于事。那时，她的"情绪警报器"会伴随着强烈的情感波动轰然拉响，还常常伴随着哭闹和叫嚷。你还记得这些事吗？现在，你的任务之一是去问问她，看她是否还记得小时候情绪崩溃的样子。当时是因为什么事情引发的？她情绪崩溃的时候又是什么表现？

那如今的她又是怎样的呢？她在什么时候最容易情绪激动？是因为遇到了意料之外或无法掌控的事情吗？

焦虑偏爱掌控感，厌恶不可预测性。当她认为自己还有充足时间去做某件事，但你却突然要求她立刻去完成时，她的杏仁核就会迅速活跃起来。或者当计划在她毫无预料的情况下发生改变时，也是如此。也许直到现在，她还是会讨厌生活中的变化或是意外。我就遇到过一些女孩，她们甚至对收到圣诞节礼物或生日礼物都提不起兴趣，究其原因，仅仅是因为实际收到的礼物和她们预想的不一样。这并不是因为她们被宠坏了，也不是不喜欢收到的礼物，只是她们脑海里早已勾勒出了一份期待的礼物，但现实却截然不同，这种不可预测性，让她们难以接受。

小时候，一旦碰上这种事，她可能会大发脾气；长大一些后，她可能会独自在房间里失望地哭泣；或许，怒火会在心里悄然积攒，只不过，这怒火暂时被压抑着，总有爆发的一刻，直到……

大脑率先开始反应，紧接着，身体也被卷入这场风暴，情绪更是在瞬间被完全左右。小时候，情绪的反应往往十分强烈，而且更具爆发性，因为她还不懂得如何妥善处理情绪。当她遇到不顺心的事，情绪就像点燃的火药桶，冲着父母或弟弟妹妹瞬间爆发，而事后她又懊悔不已。但我猜，如今正值青春期的她，更倾向于情绪内耗，而非向外宣泄。她可能会生气，但只是在心里对那个人叫嚷。又或许她没有叫嚷，只是在心底默默评判和指责。还有些时候，她把这些苛责都对准了自己，只敢对自己说那些伤人的话。情绪依然存在，只是它不再向外发泄，而是转向了内心。而这种情绪，尤其是愤怒，无论伤害的是别人，还是自己，都具有极大的破坏性。我曾听过这样一种说法，焦虑是向内转化的愤怒。我觉得惊恐发作也常常能这样解释。这些情绪波动，一方面与我们感受到的外界压力有关；另一方面，当压力不断增加，我们内心深处对自己的不满与愤怒也在滋生，二者交织，使情绪愈演愈烈。

  问题在于，无论遇到的事情是大是小，无论她是向外爆发还是选择压抑，杏仁核都不讲道理。小时候，父母苦口婆心，也无法劝服她摆脱焦虑。而现在，她也难以仅凭自己摆脱它——至少，如果没有正确的方法是做不到的。那些虚假警报实在是太强烈了。让她产生一种自己和周围人都对其无能为力的感受，仿佛走进了一个死胡同。但是，这只是"忧虑私语怪"精心编织的又一个谎言。

第四章 赋能女孩的身体

假如她有能力改变某个被焦虑笼罩的时刻，你觉得她最想改变的是什么？

我们终将找到应对之策。不过，首先，我们有必要更加深入地研究虚假警报的长期影响。随着时间的推移，虚假警报的错误只会更加严重。杏仁核的可靠性持续降低。而且，这些警报在未得到有效管控的情况下持续的时间越长，就越难使其重置到正常状态。

错误警报

你知道虚假警报最常见的成因是什么吗？是忧虑。换言之，是"忧虑私语怪"在作祟。持续性的担忧不仅使得警报更易被触发，也更难以平息。它会致使杏仁核增大，并产生所谓的应激性反应。斯坦福大学的压力研究专家兼教授罗伯特·萨波尔斯基（Robert Sapolsky）称："慢性压力会形成一个反应过度、歇斯底里的杏仁核。"

你觉得自己是个长期处于慢性忧虑状态的人吗？

研究证明，大脑发展的过程是这样的：

大脑的实际生理结构会依据新信息做出调整，基于个体的所见、所闻、所感、所思以及日常行为等进行自我重塑，并构建新的神经通路。注意力聚焦之处，神经元便会放电。而神经元放电的区域，它们就会相互连接或结合在一起。

用通俗的话来讲，这意味着：你的大脑会形成一些熟悉的路径，就像你家和你最好朋友家之间的那条路一样，你对路线了如指掌。途经某个岔路时，你根本无需思考该右转还是左转，就清楚该怎么走。大脑通过将神经元连接在一起，并创建熟悉的神经通路，来习得特定的行为模式。当我们习以为常地忧虑时，哪怕是无意为之，也会将那些忧虑的神经元连接起来。当我们练习勇敢时（我们会在第六章中对此进行更深入的探讨），我们又会把与勇敢相关的神经元连接在一起，进而创造出新的神经通路。同时，我们还会重新训练那反应过激、歇斯底里的杏仁核。这无疑是个振奋人心的好消息！我们很快就会详细讲解具体的操作方法。但请你务必牢记，担忧会产生影响，而长期的压力和忧虑，对你的女孩的危害则更为严重。

还有一件对你来说尤为重要的事情需要知晓，据威廉·斯蒂克斯鲁德（William Stixrud）和内德·约翰逊（Ned Johnson）两位学者的研究，"根据研究发现，在经历了长期压力后，成年人的大脑通常会在十天内恢复常态，而青少年大脑的恢复则需要约三周时间"。她的大脑会感受到压力和忧虑的残余影响。在她生长发育的关键时期，大脑每日有诸多事务要处理，它忙着学习与成长，负担已然沉重。我们不应再给它增添额外的压力，而是要学习运用有效的方法帮助它。她完全有能力做到这一点，准备好迈出这一步了吗？

助力身体对抗焦虑的勇敢法宝

在我们深入探讨对抗身体内"忧虑私语怪"的具体方法之前，我想先提醒你两个基本要素：**理解**与**决心**。

再说一次，真希望此刻我能与你的女孩并肩而坐，促膝长谈。倘若真能如此，我满心期待她在长谈过程中会收获不少茅塞顿开的珍贵瞬间。比如，她会感慨："哦……原来我之前那么害怕呕吐是这么回事"，或者"我从没想到我的愤怒竟然与焦虑有关"，甚至是"现在我终于明白小时候为什么那么容易心烦意乱了"。我希望这种理解能让她更懂自己，也希望这种理解能给她带来解脱和宽容之心。杏仁核已然在相当长的一段时间里劫持了她的大脑。"忧虑私语怪"的诡计屡屡得逞。是时候结束这一切了，这便是需要下定决心之时。

作为父母的你可曾评价过她很固执？我希望如此。此刻她正需要那股子执拗劲儿。在这场与焦虑的战斗中，她必须坚定决心。即便尝试的方法暂时毫无成效，即便感觉自己又重回"忧虑私语怪"的掌控之下。要坚信，它注定会失败。然而她的大脑早已形成了根深蒂固的路径，开辟新的路径还需要些时间，更需要你凭借坚定不移的决心，以及正确的方法。

了解她的焦虑触发点

她在什么时候最容易感到焦虑？我希望你回想一下过去数月甚至数年里，最让她感到焦虑的 10 次经历。在这里把它们列出来，然后在旁边梳理出背后潜藏的共性特征，诸如变化因素、事态的不可预知性等。与此同时，留意这些焦虑时刻，是否集中出现在相似的场景或是特定的地点。

第四章 赋能女孩的身体

我们对焦虑的预判越充分,就能越早开始应对。所以,让我们先从关注忧虑萌生的源头开始。接着再探讨应对的方法。

倾听身体的声音

回顾一下你和她先前绘制的身体感受图,她最先从身体的哪个部位上察觉到焦虑?明晰这一点,就找到了她对抗焦虑最为关键的"武器"之一。杏仁核在转瞬之间,也就是不到 1 秒的极短时间内,就能全面掌控局势。然而,这看似微不足道的几毫秒,实则意义重大,我们给予忧虑掌控权的时间越长,它就会变得越强大。对她而言,越早行动越有利。一旦察觉到它试图掌控你的身体,就要立刻开始反击,反应越快,胜算越大。那么,她得先搞清楚,它通常是从身体的哪个部位展开攻势的。

深呼吸

当她察觉到,焦虑开始从上述的某个身体部位向她发起"进攻"时,她可以做的第一件事就是**深呼吸**。我知道,她已经在呼吸了,但当"忧虑私语怪"控制她时,它会加快她的呼吸频率,这只会让情况更加糟糕。所以,我希望她能**慢下来**。而且,我想让她尝试一种新的呼吸方式,我们现在就一起来练习吧。

请让她把手放置在腿上，用手指缓慢地画一个正方形。在徐徐画出正方形第一条边的过程中，缓缓吸气；画下一条边时，慢慢呼气。持续这个动作，直至完整地画完一个正方形。有研究表明，杏仁核在大脑中释放的化学物质大约需要 6 秒钟才能消解。这差不多是画一个半正方形的时长。不过，我建议她采用画四个正方形的方法，这能为她的大脑提供充足的时间来重新恢复正常状态（而且四个正方形的规则更好记，毕竟"四方形"嘛，顺口又简单）。

坦白讲，以前我总觉得鼓吹呼吸法有点荒唐。直到我真正尝试了，想法才发生改变。我有时会在数千人面前演讲。在那种场合下，我会非常紧张。所以每次上台之前，我常常会站在一旁，用"方形呼吸法"来调整状态；或者在与人交谈，情绪开始变得烦躁时，我也会这么做。这种方法真的很有用，无论是缓解焦虑还是平复愤怒。其中的原因是什么呢？

呼吸，实则是滋养身体的重要源泉。当我们进行深呼吸时，一系列奇妙的生理反应便会悄然发生。首先，大脑中的血管会重新扩张，帮助血液回流至前额叶皮质层。这意味着，我们能够迅速恢复清晰的思维，进而有效地管理自身的情绪。尤其值得一提的是，腹式呼吸所引发的连锁反应堪称神奇。你是否还记得儿时玩过的"老鼠陷阱"游戏？深呼吸的作用机制和它有着异曲同工之妙。

当你用腹部进行深呼吸，肺部会扩张并挤压横膈膜。在这股力量的作用下，横膈膜不仅将腹部向外推送，同时也向后挤压背部，从而对脊柱施加压力。而脊柱所承受的压力，又会精准地传递到迷走神经上。迷走神经作为人体最长的脑神经，其神经纤维一路延伸至大脑深处。这种压力的刺激，能够使迷走神经趋于平静，从而激活身体的放松系统。其直接效果表现为，血压、心率以及呼吸频率均被有效降低。此外，深呼吸还能够清除血液中的乳酸——这种物质的积累往往会加剧焦虑情绪；同时，它还能增加与平静和清醒状态密切相关的 α 脑电波。更为惊喜的是，它还能促进血清素的释放，这种神经递质与愉悦感、满足感以及冲动控制紧密相连。瞧，就是这样。通过几次腹式方形呼吸，就能触发如同"老鼠陷阱"一样的反应，巧妙地引导我们回归平静，重新掌控情绪，实在令人惊叹。

定身练习

一切得从呼吸说起。每当她的大脑陷入忧虑的死循环中，我都建议她先从呼吸调节做起。从根本上来说，呼吸是她应对焦虑的"百宝箱"中最重要的方法，相信她也能体会到，在大脑恢复理性之前，其他方法都派不上用场。

于是，通过"方形呼吸法"，她的大脑已初步恢复常态了。接下来，我们会帮她彻底摆脱忧虑的纠缠。我钟爱的认知行为疗法里，有个叫"定身"的方法，特别有效，我也会常和办公室的女孩们一起玩几种定身游戏。

你或许早已察觉，忧虑情绪总是使我们反复纠缠于过去或未来，唯独不是当下。在你脑海中不断盘旋的，要么是已经发生过的，让你耿耿于怀的往事；要么是还未发生的，却因为焦虑，让你不断假想并忧心忡忡的未来之事。然而，我们真正应该聚焦的是当下，忧虑却总让我们偏离正轨。定身游戏，顾名思义，可以发挥定神定心作用的游戏。当女孩深陷焦虑时，就好像灵魂脱离了躯壳，让女孩在平行时空里漫无目的地飘荡。而这些游戏，就像一只无形的手紧紧抓住女孩的脚踝，把女孩稳稳地拉回当下。

我最钟爱的其中一种定身练习名为"5-4-3-2-1"。现在，让我们一起来体验一番吧！在这个游戏里，她需要充分调动起自己所有的感官：

此刻，她的眼睛所能看到的 5 样东西是什么？
此刻，她的耳朵所能听到的 4 种声音是什么？
此刻，她的身体所能感觉到的 3 样东西是什么？

此刻，她的鼻子所能闻到的 2 种气味是什么？

此刻，她的嘴巴所能尝到的 1 种味道是什么？

当她回答这些问题时，注意力便自然而然地重新聚焦于当下。感官恰恰具备这样神奇的力量，能将她从纷扰的思绪中拉回现实。这也是我喜欢用"方形呼吸法"来进行深呼吸的部分缘由。在腿上缓缓绘制正方形这一动作所带来的专注过程，本身就具有让你锚定当下的奇妙功效。而且，这个方法极为便捷，她可以坐在学校书桌前时悄悄练习，也可以在上台前静立舞台一侧时默默运用，旁人几乎难以察觉。

除了上述的"5-4-3-2-1"定身练习，还有其他一些实用的定身练习，比如围绕颜色和词汇展开：

颜色识别法：仔细环顾四周，说出你目光所及的所有蓝色物体。

词汇联想法：开动脑筋，尽可能多地说出以字母 R 开头的单词。

数学运算也是有效的定身手段比如：

间隔倒数法：从 100 开始，按照间隔 7 个数的方式依次倒数（我知道这有点难度，但她绝对有能力完成它）。

乘法口诀法：回忆并背诵你所能记起的所有乘法口诀。

当焦虑来袭时，她还可以试试把手放在冷水下冲淋。这个方法不管是在家里，还是在学校都特别管用。她可以和你商量一下，请你们去和学校沟通，当孩子焦虑时，允许她短暂离开课堂去一趟洗手间，用冷水冲手的方法来缓解情绪。定身练习的妙处就在于，它通过引导注意力助她回归当下。专注能将她从焦虑思绪的循环中拉出来，回到现实世界。

正念练习与诗文默诵

在过去几年里，你很可能听说过另一个词——"正念"。正念和定身练习有相似之处。定身练习把我们从焦虑循环中拉出来，引领我们回归当下；而正念则更侧重于不带任何评判地关注当下。当她陷入焦虑循环时，定身练习非常值得一试。而正念的效用，却不受时空限制，在任何时候都有帮助。实际上，现在有许多出色的应用程序可以帮助她开展正念练习。另外，简单的腹式呼吸也同样是一种正念形式。正念包括了对周遭事物的留意、对内心感受的洞察，甚至是对某个词、某段语句的深刻感悟。

在我看来，背诵诗文是我们能做的最佳正念练习之一。实

第四章 赋能女孩的身体

际上，这也是我建议她在开始心理咨询后尽快去做的事情。不如，让她即刻开始行动吧！**找一句她喜欢的关于应对忧虑的诗句或名言，作为她的座右铭。我希望这句文字能给她带来安宁与慰藉。把她所选的诗句写在下面吧。**

现在，我希望她记住这段文字。她可以随时随地反复吟诵它，以此来练习正念。首先专注于第一个词，接着是第二个词，在这个过程中留意她的思绪飘向何处。不要评判她的想法，因为"忧虑私语怪"正盼着用这种方式让她偏离正轨。如果她在练习正念时走神了，没关系，别让她生自己的气。正念练习讲究的是，让思绪如同海滩上的层层海浪，自然地涌来又退去。她甚至可以在脑海中想象这样的画面。所以，不管是在她焦虑难耐之时，还是在心境平和之际，都不妨对自己一遍又一遍地默念这句诗文。

经典诗文有改变我们的力量。我相信你也会有所感悟，默诵它不会徒劳无功，总会带来影响。在我默念的这几分钟，就留意到了以前从未察觉过的深意。当我们和"忧虑私语怪"抗争时，诗文中的安宁和慰藉，是对自己的深切期许。我还发现，我默念的这段诗文的另一个版本结尾处，写的是"冥想这些事"，而非"思念这些事"。

诗文常常启示我们，要进行默想。事实上，诗文中的哲理，正是遵循其中的指引。这不仅能让我们的心灵更坚定，还能让大脑更敏锐。研究发现，仅仅坚持八周的正念练习，效果堪称神奇。它就像一位温柔的"大脑调节师"，不仅能降低杏仁核的活跃程度，甚至让它体积变小。这是不是很酷？吟诵并默想诗文，有着独特的力量。它能重塑我们的内心世界，让我们的心境愈发平和、宽广；它也能改变我们大脑的思维模式，让我们面对生活的挑战时更加从容、淡定。它在当下能带来宁静，在未来能为信念助力，让我们有足够的力量去应对未知。不过，在真正收获这份宁静与力量之前，或许还有一件事，你必须去做。

动起来，赶走焦虑

在生活中的某些时候，你可能会发现，平日里常用的方形呼吸法失效了，定身练习和正念练习也无济于事。你发现自己

第四章 赋能女孩的身体

根本无法将注意力聚焦于一句诗文上,背诵它更是天方夜谭。焦虑如同汹涌的潮水将你淹没,让你坐立难安。脑海中的思绪更是没了往日如海边浪花般卷舒的悠然,反倒像一只慌不择路的青蛙,在车水马龙间拼命躲闪。碰上这种情况,"动起来"便是破局的关键!

已经有研究证明,每日只需投入短短 20~30 分钟进行运动锻炼,就能显著减轻焦虑。这一发现,本身就令人惊叹。运动,恰似一位神奇的"大脑重塑师",与呼吸法有着异曲同工之妙,能让我们的大脑迅速回归平稳有序的状态。所以,当呼吸法不再奏效,那些需要全神贯注的正念练习也无法开展时,勇敢地迈向户外吧!去街头巷尾悠然漫步,踏上蹦床尽情跳跃,在跑道上奋力奔跑等。在真正摆脱焦虑循环之前,女孩们得先把心里那股因焦虑而滋生的烦躁负能量释放出来。实际上,结合呼吸法能让运动与缓解焦虑实现双赢。比如说,一边散步一边进行腹式呼吸。她还可以尝试正念散步(或跑步),全身心沉浸于周围的一切景象、声音与气味中,与自然深度联结。不知她是否体验过瑜伽的独特魅力?它融合了运动、呼吸和正念,对缓解焦虑很有帮助。运动,还将给正深陷焦虑漩涡的她,一份重要的馈赠——空间。

空间

如果是我给你的孩子做心理咨询,那我一定也会与你先展开深入交流。我们探讨的核心议题之一,便是当你的杏仁核被激活,也就是当你陷入焦虑时,他们能够采取哪些有效的应对措施。说实话,这其中最重要的就是给你留出足够的空间。

打个比方,假设孩子和父母昨晚发生了争执,这让她焦虑不已。也许是因为你们告诉她,她盼望了许久的演唱会去不成了,因为她得去探望埃塞尔姨婆。她委屈地流泪,说话音量不自觉提高,你们也不甘示弱,声音同样越来越大。争吵间,她甚至感觉呼吸都变得困难。此时,"忧虑私语怪"借助她的杏仁核,完全占据了上风,而你们的杏仁核也同样被卷入这场激烈的情绪交锋之中。

在这种情况下,保持适当的空间距离就显得尤为重要。在咨询时,我会和你的孩子一同商量出一个特定的暗语。只要她们当中任何一人说出这个暗语,就意味着大家都得先暂停一下,各自回到自己的房间,或者去一个能让自己冷静下来的地方。你可以回房间,或者出去跑步。总之,要去一个能让自己梳理情绪,让杏仁核恢复平静的地方。毕竟,一旦你的杏仁核和孩子的杏仁核开始较上劲,那就注定没什么好结果。两个杏仁核可不会产生什么建设性的对话，它们只会凭借本能做出反应。这就好比一场你来我往的激烈网球比赛，你反击一次，她也反击一次，来来回回，问题越来越严重，到最后，她可能还会面临被禁足的惩罚。

你不妨和孩子好好讨论一番确定暗语的事情，再详细讲讲，"留白"对于缓解冲突的好处，就说是我给你们出的专业建议。此外，我还期望你能构思出一些具有启发意义的话语。最好每个和你女儿年纪相仿的女孩，都能将自己的这些话语贴在房间的显眼处，或者保存在手机便签中，以便随时翻阅，提醒自己。

应对技巧

请你花点时间想一想，要是把情绪从 1 到 10 划分等级，1 是最平静，10 是最激动，**你的女儿最近一次情绪达到 10 级是什么时候？**

后来是什么帮助她冷静下来的？

想想看，不管当时是什么办法让她平静下来的，那对她而言就是一种情绪应对技巧。我们心理咨询师最常做的事，就是帮人们找到适合自己的情绪调节方法。我猜她心里大概已经知道有哪些了。

现在，我想请你为孩子在下面列出你最常用的 20 个情绪应对技巧。这些技巧有的可能立竿见影，有的也许效果一般，两种都可以写一些。不过，像刷社交媒体、暴饮暴食这类有时不仅没帮助，反而会带来更多负面影响，甚至可能让你上瘾的行为，就先别写了。**当你情绪达到顶峰的 10 级，无论是焦虑到极点的 10 级、悲伤得难以自已的 10 级、愤怒到失去理智的 10 级，还是被其他强烈情绪淹没时，到底是哪些方法让你慢慢冷静下来，回归平和的呢？**

睡眠

没错，咱们来聊聊睡眠，这可是女孩生活里不可或缺的部分。哪怕正被期末考试的压力包围，她也需要充足的睡眠。要是刚经历了一场通宵聚会，那好好睡一觉对她来说就更是天大的事了。你知道吗？睡眠不足会让杏仁核的活动变得异常活跃。简单来讲，没睡够的时候，"忧虑私语怪"就会在她耳边吵个不停，把焦虑无限放大。就拿我自己来说，每次睡了个好觉，身体都感觉活力满满，心情也格外舒畅。有时候，好好睡一晚，是让我摆脱低落情绪的唯一办法。根据美国焦虑与抑郁协会的研究，睡眠能够为大脑充电，提升注意力，还能有效改善情绪。

研究表明，青少年每晚需要保证9~9.5小时的睡眠时间。可你知道调查结果显示青少年的实际睡眠时长是多少吗？仅仅7~7.25个小时。这明显不够啊！你可以想想，你的女儿平均每天能睡多久？还有，研究再三强调，估计你肯定也猜到了——睡前至少一小时，就得和手机、电脑这些电子屏幕说再见了。很抱歉，虽说这要求可能有点难做到，但这的确是有科学依据。电子屏幕发出的光会干扰大脑分泌褪黑素，而褪黑素正是让身体进入睡眠状态的关键信号。如果睡前盯着屏幕，大脑接收不到该睡觉的信号，你就会发现入睡变得无比困难，就算好不容易睡着了，也容易睡得不安稳。我非常敬重的心理学家丹·西格尔（Dan Siegal）曾说过，"睡眠就像是大脑的专属清洁工"。当我们睡眠不足时，"那些对清理大脑中堆积的神经毒素起着关键作用的神经胶质细胞就没办法正常工作了"。毒素排不出去就会一直留在大脑里。睡眠不足还会带来一系列问题：

- **注意力涣散**：学习和做事时难以集中精力。
- **记忆力减退**：刚学过的知识和发生过的事，转头就忘。
- **解决问题能力下降**：面对生活和学习中的难题，感到无从下手。
- **胰岛素分泌失调**：不仅吃同样的东西更容易长胖，还会控制不住食欲，吃得更多。

不知道你的想法如何，反正上面提到的这些状况，让我更加渴望能多睡会儿。毕竟，充足睡眠是维持身心良好状态的隐形护盾。

丹·西格尔和学者大卫·罗克（David Rock）提出了一个很有价值的理念，我认为这对我们每个人都意义重大，他们将其称为"健康心灵餐盘"。这一概念和科学课上学的食物分类有点像，只不过它关注的是我们大脑的"营养摄取"。大卫·罗克指出，这是"为实现最佳心理健康状态所必需的七项日常基本心理活动"。在我看来，这七项活动堪称对抗焦虑的秘密武器，能有效让"忧虑私语怪"闭嘴。在这场与焦虑的持久战里，它们就是强有力的预防措施。

以下是具体内容：

专注时间：在这段时间里，你的女儿会集中精力完成特定任务。这些任务具有一定的挑战性，能促使她的大脑积极建立各种神经连接，从而提升思维能力。完成学校作业是获取专注时间的主要方式，学习一门新技能或者进行练习也都属于专注时间。

玩耍时间：玩耍不仅能增强孩子解决问题的能力和认知能力，还能有效减轻压力。在玩耍时，孩子需要运用执行能力去规划游戏内容；在具体玩耍过程中，又要运用适应能力应对各种突发情况；同时还要明确目的性，确立自己在游戏中的目标。玩耍能让孩子学会应对挫折，培养他们超强的灵活性，让思维更活跃。所以说，玩耍不只是一时的放松，更是为孩子的未来储备应对压力的技能，是帮助他们长期保持心理健康的重要方式。

交流时间：这是你的女儿与他人以及周围世界建立紧密联系的宝贵时间。良好的人际关系如同温暖的纽带，强化她大脑中的神经连接，帮助她在与外界的互动中更好地认识自己。不管是和家人围坐在一起，还是与朋友尽情畅谈，或者和宠物亲密玩耍，甚至是投身大自然感受万物的生机，这些交流体验对她的身心发展都起着不可或缺的作用，让孩子拥有更丰富的情感体验和更健全的人格。

运动时间：运动是对抗焦虑的有力"武器"。运动时，大脑会释放内啡肽，这种神经递质能有效减轻疼痛。同时，大脑中的血清素（常被称作"快乐化学物质"）也会增加。每天坚持 30 分钟以上的运动，就能让身心充满活力，轻松驱散焦虑的阴霾。

内省时间：这是你的女儿进行自我反思的"静谧港湾"。在这段远离屏幕喧嚣的时光里，她可以静下心来进行正念练习，拥有充足的空间产生创造性的想法。安静独处、沉浸阅读、提笔写作以及进行艺术创作，这些都是内省时段的活动。让她沉淀内心，释放压力，实现心灵的成长与蜕变。

放松时间：这是没有特定目标的空闲时间。有意识地什么都不做，甚至"找点无聊"，对孩子们来说是成长过程中不可错过的经历。放松时段是孩子们学会自我娱乐和解决问题的重要环节，但在忙碌的日程中，它往往最先被舍弃。比如，睡前躺在床上放空思绪，泡在浴缸里享受闲暇，或是坐在院子里的秋千上悠然摆动。心理学家指出,"放松时间能为大脑充电,帮助大脑将信息存储在更长久的记忆区域,蓄满洞察力,以便更高效地处理复杂的想法。"

睡眠时间:睡眠是大脑实现最佳发育的"守护神"。频繁的睡眠不足会加重焦虑。《如何让孩子自觉又主动》(*The Yes Brain*)的作者指出:"充足的睡眠对于清除白天神经活动产生的毒素至关重要,一夜好觉,让我们在新的一天开始时拥有一个焕然一新的大脑!"

来,咱们回到我的办公室。现在,我们一起为你的女儿的"健康心灵餐盘"定制一份专属的模拟评估表。具体这样做:**在第一栏,你要填下各类活动时间的名称,像专注时间、玩耍时间这些;在第二栏,写上你估算自己每周在各类活动上花费的时长。**

接下来,我希望你和孩子的日常,针对各类时间投入的情况,为自己评分。

我是那种一门心思专注做事,却不太爱运动的人。写这部分文字的时候,愧疚感顿时溢满心头,于是我索性起身,带着露西外出漫步了半个钟头。毕竟,写作的截止日期迫在眉睫,而我还有好多内容没完成,我心里焦虑得很,也迫切需要调整一下状态。令人惊喜的是,散步还真管用,回来时我感觉神清气爽,思维也更敏捷了。其实,我们每个人在这些维度上都存

评估表

时间类型	每周用时	评分

在着提升的可能性，而这些目标不仅切实可行，还能起到预防焦虑的作用。我们得持续思考，到底可以采取哪些预防性策略来对抗"忧虑私语怪"。

实际上，我们所需的策略大约可分为三类：预防性策略、即时性策略和持久性策略。在这一章里，我们已经探讨了预防性策略和即时性策略。你也深知，为了维持杏仁核和身体的健康状态，让"忧虑私语怪"无机可乘，在预防层面应当采取哪些行动。

请在下面列举出预防性策略的三项行动：

你也清楚，当焦虑突如其来，该采取哪些即时行动，立刻去终止大脑、身体和情绪发出的错误警报，从而降低"忧虑私语怪"的影响。

在下面列举出即时性策略的三项行动：

现在，咱们来聊聊持久的改变。这不只关乎一时的预防措施或应急之策，而是要学会换个角度思考，重塑思维方式，摆脱那些轻易就能占据我们的头脑和内心，阻碍我们成为理想中的自己的想法。我们要做的，正是从这些想法的束缚中挣脱出来，这是一场持久蜕变的旅程，改变正在发生。请继续阅读，探寻更多的奥秘吧。

在这一章里，你学到了哪五件令你印象深刻，想要记在心里的事？

假设你要给孩子分享一些读书感悟，你觉得哪 5 件事值得分享？

记住这几件事，女孩会更勇敢

- 一定要重视焦虑给身体带来的影响。她越早察觉它，就越容易阻止它。而且，对焦虑的惯用伎俩了解得越透彻，反击时就越得心应手。
- "忧虑私语怪"最先攻击的就是她的身体。它会劫持她的杏仁核，让她瞬间陷入战斗、逃跑或僵住的应激状态。要打败"忧虑私语怪"，首要任务就是安抚好杏仁核。
- 杏仁核发出错误警报的次数越多，就越容易重蹈覆辙。大脑就像个学习机器，对它所练习的任何事都会越来越"擅长"，包括担忧这种负面情绪。
- 若想在身体层面战胜"忧虑私语怪"，她可以借助这些强大的方法：找到焦虑的触发点，聆听身体发出的信号，深呼吸，做定身练习，正念练习，默诵诗文，运动，躲进自己的专属空间，使用独特的应对技巧以及保证充足的睡眠。
- 深呼吸能重置杏仁核，平息毫无根据的"错误警报"。
- 定身练习能帮她摆脱担忧的循环，让她的注意力回到当下。

- 正念练习能帮助她专注于周围发生的一切，以及内心的真实感受。默念和吟诵诗文不仅能让她焦躁的心平静下来，还能在更深层次唤醒对抗焦虑的真理。
- 应对策略能帮助你用健康、积极的方式，把内心的担忧和潜藏其下的复杂情绪释放出来。

第五章
滋养女孩的头脑

几年前，我参加过一场心理咨询会议。会议里那些冗长繁杂的理论内容大多已记不清了，可见没留下多深的印象。但在那长达 6 小时的会议里，有短短 5 分钟的片段，至今仍让我记忆犹新。

会议刚开始，主持人正在介绍自己的专业资历。突然，一个女人扯着嗓子，大声叫嚷着闯进礼堂。我说她"大声嚷嚷"，一点都不夸张，她从进门就开始骂，沿着过道一路走到台上，站到主持人身边也丝毫不停歇。说实话，一开始我以为她精神有问题。她冲着主持人喊道："你有什么资格站在这里？你根本没什么有用的话可说，大家不会听你的。看你这样子，就不像懂行的，更别说讲得好了。你还不如待在家里！"我可没开玩笑，她喊得全场都能听见，我惊得说不出话，主持人显然也被吓住了。起初，主持人还礼貌回应，试图继续发言，说着"谢谢你的建议"之类的话。可女人依旧不依不饶，主持人开始紧张，说道："我不确定你是不是来错地方了，请您先坐下。"但她攻势越来越猛，步步紧逼，主持人则越来越退缩。短短几分钟,她成了全场焦点,主持人则被挤到了一边。

你猜猜看,接下来发生了什么?

我紧张得都快坐不住了,眼睛死死盯着台上。这时,她突然停下,微笑着向观众介绍自己。她说:"我,就是你脑海中的声音。"

哇哦!

原来,她代表的是主持人内心的"忧虑私语怪"。她的话,和我心里那些焦虑的念头听起来简直一模一样,想必也和你女儿内心的焦虑之声很像。一旦"忧虑私语怪"控制了我们的思维,那些负面想法就会像她的话一样,满是质疑与否定,让我们陷入自我怀疑。

焦虑的另一条触发路径

咱们再来快速研习一小节前文提到的"焦虑大脑101"基础课程。在关于身体的章节里,我们深入探讨了大脑中的杏仁核区域是如何影响身体的。杏仁核是引发焦虑的一条重要路径。打个比方,当我听见有人火急火燎地猛敲我办公室的门时,这条路径就被瞬间激活了,我们不妨把它称作"焦虑高速路"。

一旦踏上这条高速通道，杏仁核就会立马发出错误警报，交感神经系统迅速启动，逻辑和理性思维被彻底抛到九霄云外，前额叶皮质也开始罢工，你会全面陷入焦虑循环的漩涡。这整个过程会在不到1秒的时间内完成，你根本来不及思考，只剩下本能反应。

不过，"忧虑私语怪"还有另外一条作祟的路径。这条路径起始于想法，涉及大脑皮层，其中就包含前额叶皮质。当你脑海中浮现出大脑的模样时，最先想到的通常就是大脑皮层——那些呈灰色的、弯弯曲曲的物质。大脑皮层包含众多区域和功能，包括记忆、语言、创造力、判断力、注意力以及情感处理等。这同样也是"忧虑私语怪"能够对你施加影响的另一条途径。

大脑皮层这条路径和杏仁核路径有着明显的区别。大脑皮层路径起始于一个想法，而且往往是一个不受控制、突然闯入脑海的想法。

我忽然害怕，自己会不会病倒？

我开始忧心，我深爱的人会不会患上癌症？

我时常犯愁，这次考试会不会不及格？

我心里犯嘀咕，我的朋友们是不是在生我的气？

第五章 滋养女孩的头脑

你的女儿最近心里有没有冒出过诸如此类、满是担忧的想法？请写 3 个在下面。

这些想法就像隐匿在暗处的幽灵，冷不丁地在脑海中现身。它们的出现或许源于我们对周遭事物的某种认知，也可能是错误认知，关于这点，我们后续会深入剖析。实际上，我们每个人每天都会被几十甚至上百个侵扰性念头轮番"轰炸"。在状态好的日子里，这些念头就像海面上层层涌起又悄然退去的波浪，轻柔拂过，转瞬即逝。要是我们能持续练习正念，就能巧妙地引导这些念头如浪花般自然地从心间流淌而过，不留痕迹。

然而，生活总有起伏。在某些特定的日子里，或者对我们有些人而言，在一天中的某些时段，这些念头就如同拥有吸附力一般，紧紧揪住我们的思绪不放。我们会不由自主地停下手中的事情，不停琢磨这些突然冒出来的想法。简单来说，这些念头就像在脑子里生了根，怎么也赶不走。紧接着，它们会悄然启动杏仁核，驱使它沿着那条引发麻烦的老路，一路狂奔。

杏仁核几乎总是在焦虑产生的过程中扮演着关键角色，除非我们能训练大脑皮层去压制它，这也正是本章着重探讨的目标。正如我们在上一章所提及的，我们必须深入了解"忧虑私语怪"的惯用伎俩，只有这样，才能在对抗它的过程中知道如何精准反击。再次提醒，面对焦虑，越早察觉就越容易应对。所以，接下来，让我们一起看看，当"忧虑私语怪"试图侵蚀你那聪明又强大的头脑时，究竟会使出什么手段。

"忧虑私语怪"扰乱大脑的惯用招数

一旦杏仁核被触发，就像一颗石头扔进平静的湖水，搅得我们的大脑、身体和情绪不得安宁，让一切陷入混乱无序的状态。在这些时候，"忧虑私语怪"的行迹还算相对容易捕捉。只要掌握了正确的方法，我们就能比较顺利地压制它。然而，当它潜入大脑皮层，那它的轨迹就变得极为隐蔽狡猾了。它会悄无声息地侵蚀我们的思维模式，让这一切在我们的脑海深处上演。如果我们不够警惕，就会不知不觉地把脑海中的声音当作真理来相信。

大脑皮层，本应是我们理性思考、规划未来的地方，但我们总会提前预想各种可能发生的状况，以为自己能在问题出现前就阻止它。但这种预想其实只是恐惧在作祟。

大脑皮层是我们反复思索的地方。我们总觉得自己能把所有可能发生的状况都考虑周全，但这种思维反刍不过是过度思考，很快就会变成一种难以摆脱的执念。

大脑皮层会引发忧虑。我们明知担忧并不能真正解决问题，可内心却不由自主地会被各种担忧填满。这种担忧实际上只会加剧和延长焦虑情绪。

大脑皮层是负面之声的汇集之地。我们会听到批评、拒绝、怀疑和愧疚的声音。在这里，我们总觉得事情不圆满，情况不对劲……甚至觉得自己不够好。

总的来说，大脑皮层就是"忧虑私语怪"撒谎的又一个阵地，它说的那些坏话都是假的。可要是我们没办法看穿它的坏把戏，仍会把它的谎言当作事实。

预期性焦虑

大多数焦虑在事情发生之前就已产生。而且，我们对事情的担忧程度会远远超过这件事本身，这被称为预期性焦虑。简单来说，就是没理由地害怕一些事。我有个朋友，每天清晨醒来都充满了恐惧，我真为她感到难过。她脑海中最先浮现的，都是当天可能发生的各种倒霉事。我开玩笑地叫她"屹耳"，就像《小熊维尼》(Winnie the Pooh)里那只成天愁眉苦脸的小毛驴。她那种"天有不测风云"的想法，出现的频率比她想象的要频繁得多。

实际上，对于那些饱受焦虑折磨的人而言，"天有不测风云"就等同于"暴风雨即将来临"。极小的可能性被无限放大，变成了大概率事件。"忧虑私语怪"就像一个狡猾的骗子，把虚幻的恐惧硬生生地变成了既定事实。

"你这次考试肯定不及格。"

"下次田径比赛，你一定会惊恐发作。"

"你妈妈会得癌症，然后离开你。"

"你的朋友迟早会背叛你。"

这就是典型的夸大可能性。女孩不再只是单纯地担心坏事发生，而是认定它必然会降临。"忧虑私语怪"就像一个邪恶的预言家，让她深信坏事无可避免，劝她早早做好最坏的打算。结果，她就真的感觉最糟糕的事情一件件都应验了。

当她发觉自己处于恐惧状态时，我希望你能帮她冷静下来，问问自己这个问题："这件事实际发生的可能性，到底有多大？"

第五章　滋养女孩的头脑

认知偏差

我认识一个叫索菲的女孩，她在人际交往中一直不太顺利，尤其在交朋友方面困难不断。我认识索菲差不多有6个月了，说实话，我实在想不通她为何会在交友上碰壁。她是个讨人喜欢的姑娘，头脑聪明，创意满满，性格风趣又善良。思来想去，我唯一能想到的原因是，她比同龄人成熟太多，以至于身边的小伙伴很难真正理解她。所以我决定让索菲参加团体心理咨询的活动，希望她能结识一些志同道合的朋友。

索菲加入心理咨询团体后，全心全意地和其他女孩相处，努力融入集体。其他女孩也热情回应了她。我能明显感觉到，她们对索菲很有好感，大家甚至还商量着在咨询之外找时间聚聚。时间过得很快，一周又一周，索菲每次都会向其他女孩提出一些很有见地的问题，展现出她的真诚和友好。然而，有一次团体咨询结束后，索菲找到我，神情有些失落，说其他女孩很少主动问她问题。我仔细回忆了一下，她说得没错。在索菲看来，这是别人对她毫不关心的表现。但作为咨询师，我心里清楚，这些女孩不过是正值青春期，多少有点以自我为中心罢了（尽管她们本质都很善良）。她们其实是喜欢索菲的，只是还不太懂得如何通过提问来关心他人。

几周过去了，索菲又一次找到我，有些沮丧地说，之前大家在团体里说好了要一起出去聚会，可到现在都没人主动联系她。她越想越觉得，那些女孩其实根本就不喜欢她。但我知道，当时正值春季学期，学校里各种活动应接不暇，这些女孩的日程难免被安排得满满当当，忙得不可开交。再者，她们终究还是处在青春期，难免会有些以自我为中心（当然，她们善良的本质从未改变）。

又过了好些日子，索菲的爸爸给我打来电话。从电话里我能听出，索菲的心情很糟糕，她笃定其他女孩讨厌自己。她跟爸爸诉苦，说每次来参加团体咨询时，那些女孩总是径直从她身旁走过，连个招呼都不打。结束的时候，也从不跟她道别。索菲越想越难过，觉得她们不仅不喜欢自己，甚至压根就不想让她待在这个团体里。但作为咨询师，我太清楚了，其实这些女孩对我的态度也是一样的。有时候我走进咨询室，热情地跟大家打招呼："大家好呀！"可她们常常没有任何回应。碰上这种情况，我也只能半开玩笑地化解尴尬："现在该轮到你们跟我打招呼啦！"所以说，真不是这些女孩不友善、不关心人，而是……没错，归根结底，她们只是一群心地善良，却又带着点自我中心特质的青春期小姑娘罢了。

问题并不出在那些女孩身上。不过作为过来人，我很能理解青春期女孩的感受，知道女孩们的不容易。实际上，像她们这个年纪的女孩，多少有点以自我为中心，这太正常了。在我和朋友梅利莎合著的《养育女孩》(*Raising Girls*)这本书里，就把女孩成长过程中的这个阶段，直白地叫做"自我中心期"。这也使得她们想要找到真正的好朋友不是一件容易的事。问题也不在索菲身上。真正的问题在于索菲的认知，是她对事情的理解和解读出了偏差。这种认知偏差，让索菲产生了社交焦虑。我觉得这个问题可不是只在那个团体里才出现的，很可能在她所有的人际交往中都存在，这也是她交友总是不顺利的根源。她的脑袋里总是冒出那些负面的想法，还对这些想法深信不疑。况且，连自己的爸爸也这么想，这就更让负面想法在她心里扎了根，变得愈发难以动摇。跟你们说实话吧，"索菲"的真名可能根本就不是索菲，"索菲"所代表的甚至不只是一个人，可能是二十个，或者更多有着同样困扰的女孩。这些年，我遇到过大概二十多个有着一模一样经历和困扰的女孩，而所有这些问题的源头，都来自她们大脑皮层的认知。

  大脑皮层无时无刻不在对各类事件展开解读，这些解读逐渐塑造了我们的认知。而我们的焦虑程度，也与这种认知呈直接的正相关关系。在人际交往的情境中，我们的看法往往容易出现偏差。就拿女孩来讲，她们总是下意识地觉得自己有读心术，能看穿别人的想法。那些和索菲一样的女孩，无一不是陷入了这样的思维误区。她们对事情的认知，完全是基于自己的臆想，自以为清楚其他女孩对自己的看法。说实话，咱们大多数人都会掉进这个思维陷阱，笃定自己完全明白别人行为背后的原因，并且还总是朝着对自己不利的方向去解读。但其实，事实根本不是这样的。我也不想泼冷水，可还是得老实告诉大家，"读心"这件事，谁都做不到。哪怕像我这样接受过专业训练的人，也同样没有这个能力。

而且，这种错误认知的范畴可不仅局限于解读别人的心思，还包括对各种情况的主观判断：

"她绝对是在生我的气。"

"这次考试我肯定要不及格了。"

"刚刚那场试镜，我肯定搞砸了。"

"在_____方面，我肯定比不上其他人。"

我们的认知就像是一台"虚假念头制造机"，常常会把一些子虚乌有的事情，当作板上钉钉的事实。马克·吐温曾有一句经典的名言："我这辈子经历过不少可怕的事情，不过有些仅仅只是我以为发生过而已。"所以，问题的关键并不在于事件本身，而是"忧虑私语怪"利用我们的认知，在我们脑袋里种下各种杂念，最终把我们一步步拖入焦虑的深渊。大家一定要时刻牢记，千万不能把脑海里无端冒出的想法和客观现实混为一谈。因为任何一件事情，背后都藏着许多尚未被我们察觉的真相。

不妨静下心来仔细回想下，有没有哪一次，你的女儿仅仅凭借自己的主观臆断，就认定了某件事情是真的，可直到最后才恍然大悟，原来事实根本不是那么回事？请你把她们这段经历写下来吧。

当女孩发觉自己又掉进了认知误区，不管是自以为能读懂人心，还是对实际情况判断失误，我都希望她能问自己一个问题："等等，这件事情的背后，会不会另有隐情？"

反刍思维

《大西洋月刊》(*Atlantic*)曾发表过一篇文章，其中提到："心理学家所说的反刍思维（rumination），简单来讲，就是长时间、过度地沉溺于消极情绪之中。这种习惯在女性群体里比在男性群体中更为常见，而且往往从青春期就开始了。它会导致女孩行事更加谨小慎微，不太愿意冒险尝试新鲜事物。"

在构思这一章节的时候，我总是一不小心就把"反刍思维"和"腌渍"这两个词搞混。不过我觉得它们之间确实存在一些相似之处。你或许腌制过鸡肉，所谓腌渍，就是在烹饪前把食材长时间浸泡在特定的料汁里，让料汁的味道充分渗透进去。而依据作家兼领导力专家雷切尔·西蒙斯（Rachel Simmons）的解释，"反刍思维的定义是，反反复复地聚焦于某个问题的起因或者可能产生的后果"。换句话说，反刍思维可不只是简单地沉浸其中，而是完全在消极情绪和负面想法里思量，越陷越深。这其实就是过度思考的典型表现，不但一点好处都没有，还会让焦虑和抑郁的情绪愈发严重。实际上，大量研究已经表明，反刍思维是"青少年和成年人患上重度抑郁症和焦虑症的一个公认的高危因素"。

在我的咨询室里，每天都能听到女孩们谈论类似的烦恼："我就是控制不住自己，老爱胡思乱想。"如果你的女儿也有同样的问题，肯定对这种感觉再熟悉不过了。比如，她在上学路上开始琢磨一件让你忧心忡忡的事情，刚开始的时候，或许还能理性地分析问题，思考出有用的对策。可不知不觉间，到了上数学课的时候，她还会想到这件事。这时候的思考已经没意义了，只是徒增烦恼。接着，在坐车回家的路上，在本该专心写作业的时候，甚至晚上躺在床上准备休息时，她的大脑里还是被这件事塞得满满当当。就这样，原本有价值的思考，变成了毫无益处的反复思量。

还有一点值得我们深入思考：与他人共同反刍会让问题变得愈发严重。美国心理学会对"共同反刍"给出了这样的定义："过度地与他人讨论问题，包括反复重述问题，以及一味沉浸在相关的负面情绪里。"在一项为期6个月，有800多名青少年参与的研究中发现，对女孩来说，共同反刍虽然能让友谊更加亲密，却也会不可避免地会加重焦虑和抑郁情绪。这里我觉得特别有必要强调一下，该研究中明确提到了"反复重述问题"以及"共同反刍模式"这些关键表述。

作为一名心理咨询师，我非常清楚，认真梳理自己的情绪，并找合适的人倾诉出来，对她们来说是多么重要，哪怕这些情绪可能是负面消极的。在后续的内容里，我会着重讲到，分享感受是她们应对各种困扰的有力武器之一。和朋友聊聊自己的心事很有必要。但她们也能感觉到，思考可能会在不知不觉间转变成过度思量，交谈也可能会逐步沦为毫无意义的反复赘述。她能体会到其中的差别。正常的交流会给她带来解脱感。可一旦陷入反复重述，除了徒增沮丧和绝望，不会带来任何积极的改变。

我在工作中曾多次目睹这种情况，我把这种现象称为"直升机效应"。想象一下，一个女孩开始倾诉自己的烦恼，就像直升机缓缓起飞，带着她暂时逃离了烦恼，心情逐渐轻松起来。可随着交谈的深入，到了某个节点，她开始不停地重复同样的问题，一遍又一遍，就好像直升机突然失去了动力，直直地坠回地面。

我们鼓励大家思考并谈论自己的困扰，互相倾诉和帮助。但一定要注意，反刍一旦演变成过度思考，就很容易让人深陷其中，形成执念。我们倾诉是为了把负面情绪释放出来，可千万别在这些情绪上耗费太多时间，最后让它们又卷土重来，把自己拖进更糟糕的情绪深渊。大家不妨回想一下，有没有过和别人交谈后，心情不但没变好，反而更差的时候？再想想，又是什么时候，一次倾心的交谈让你豁然开朗，心情舒畅？这两种截然不同的情况，背后的原因究竟是什么？

如果女孩正处于一段可能陷入共同反刍（过度沉溺于负面情绪）的友谊中，不妨开诚布公地谈谈这个问题。她们可以建立互相监督的机制，共同制定一个温柔的提醒暗号——当对话开始滑向思维反刍的漩涡时，就用这个暗号及时叫停。友谊的本质在于分担生命之重，而非将烦恼堆叠成山。我们内心的"忧虑私语怪"最擅长推高这座焦虑之山，而这座山堆得越高，内心的压抑感就越深重，那些忧思的低语也会变得越发刺耳。

灾难化思维

还记得我们对焦虑的定义吗？焦虑是过度夸大问题的严重性，同时低估了自身的应对能力。而灾难化思维，就体现在过度夸大问题这一方面。

"这哪里是糟糕，简直是**史上最糟糕**！"
"这岂止是吓人，完全是**惊悚至极**！"
"这何止是令人难过，根本就是**毁灭性打击**！"
"这不仅烦人，简直让我**彻底崩溃**！"

当实际情况可能只符合前半句话时，女孩有多少次说过这样夸张的话？我们每个人都很容易陷入这种误区。而且对有些人来说，这种夸大其词更是如条件反射般自然，甚至作为父母的你也可能会这样。我曾读到过一项研究，当事情出现差错时，焦虑的父母是如何更频繁地使用灾难性措辞的。比如，他们会说："她摔了一跤，差点摔断胳膊。"可实际上你不过是绊了一下，擦破了点皮而已。但我们自己也难免这么做。有时候把事情说得夸张些，能增添谈资和乐趣，还能获得更多旁人的关注。而有些时候，这仅仅是一种习惯性的认知模式。

也许你的女孩更容易产生强烈的情绪。也许她比别人更多一分敏感，或者心理韧性稍弱。于是，小问题变成大问题，大问题被看成无法逾越的障碍。这样一来，我们又回到了认知这个问题上。当我们发现自己在使用夸张的表达方式时，不妨问问自己："我是不是陷入了灾难化想象的误区？"以及，"这件事到底是个小麻烦、中等程度的问题，还是个难以解决的大危机？"倘若我们毫无察觉，任由这种思维长驱直入，那么稍不留意，心里那个"忧虑私语怪"就会利用我们的灾难化思维，彻底扭曲我们对现实的认知。

这样的故事在我的咨询室里反复上演。其中，我印象最深的是一个极度害怕被误解为作弊的女孩。那天，她正在教室里参加考试，脑海中突然被一个毫无征兆的念头击中：我绝对不能让老师怀疑我作弊，考试时必须时刻留意自己的目光投向哪里（这便是典型的预期焦虑心理在作祟）。这个念头迅速在她的大脑皮层中扎下了根。没过一会儿，她不经意间环顾了一下四周，瞬间，一股强烈的不安涌上心头：糟了！我刚才四处张望，老师肯定认为我在作弊（这种想法体现出她认知上的偏差）。她在心里不断默念：我真的不想作弊，真的不想啊（陷入思维反刍的状态）！紧接着，过度活跃的大脑皮层不断刺激杏仁核，她开始胡思乱想：要是老师真的这么认为可怎么办？万一我已经构成作弊了呢？天啊我作弊了！这下全完了！很明显，她陷入了典型的灾难化思维。最终，她内心的不安愈发强烈，直到她向老师"坦白"自己作弊，才感觉心里稍微踏实了一些。可事实上，这个聪明又认真的女孩，从未有过任何作弊的行为。

　　类似的案例在我的咨询档案中不胜枚举——从伤害他人的闪念到性幻想，再到萌生自杀意念，这些其实都不是女孩们内心真实的愿望。特别是在近些年，许多来访的女孩向我倾诉："不是我想自杀，而是我害怕自己会自杀，我忍不住地去想这件事，这个念头挥之不去。"如果你的女孩也有类似的体验，请尽量和她沟通或带她去找心理咨询师。她的生命如此珍贵，不管内心的担忧是否强烈，哪怕只是想象它的可能性，都需要专业人士的引导。

　　灾难化思维如同放大镜，不仅会过度夸大问题，将可能性扭曲为必然性，更可怕的是——它还会让脑海中的必然性自动升级为"史上最惨烈版本"。

自我低估

　　现在我们已经讲完了对问题的过度夸大，接下来，让我们来到焦虑方程式的另一端。此刻的焦点不再关乎事情发生的可能性、认知偏差，或者事态本身的严重程度，而是聚焦于女孩自身如何看待自己。她觉得"我做不到""我承受不住""我注定失败"。**这就是典型的对问题的高估和对自我的低估。**

当困境如山巅难以逾越，自我却如此渺小，无力抗衡。在这么多年的心理咨询工作中，我接触过的每个女孩，几乎都在生活的某些方面有这种自我怀疑。

那么，她在哪些方面会有这样的感受？在哪些时候，她总觉得自己无能为力？

当"忧虑私语怪"在暗中作祟，让她不断贬低自我时，它究竟在向你传递着怎样的想法？

关于自我低估，实在没什么更多可讲的，归根结底，这不过是个谎言。此刻，我必须揭开"忧虑私语怪"的真面目——它就是那个"谎言之父"。女孩本身具备无穷的能力。当我断言"忧虑私语怪"在说谎，而她拥有无限潜能时，我猜想，她的内心或许在暗自和我争辩。没关系，让我们一同探讨一番吧。

我真心相信，她已经具备你所需的一切——不仅是外在的，更是内在的。对我来说，如果她缺失某样东西，这意味着要么是她需要培养它，要么是她并不需要它。

可能她心里认为，自己在某些方面还不够好，我也一样。有些品质我仍然欠缺，比如耐心，需要日复一日逐步养成。或许她还和我一样，时常觉得自己缺乏幽默感。有时候，我渴望自己能妙语连珠，但我就是做不到——除非歪打正着。即便我努力尝试，可能结果依旧难以如愿。我在运动方面也并不出众，不是因为我对自己严苛，而是事实。在体育方面，有些事情别人能做到但我却不行。我从小就开始练滑水和网球，滑水我一直都很擅长，但却打不好网球。我们每个人都各有所长。然而，这并不意味着生命没有赋予我所需的一切，它同样也赋予了你所需的一切。

有一段很有意义的话是这样说的："亲爱的孩子们，我们不要只在言语和舌头上谈论爱，而要付诸行动，践行真爱。这是我们确认自己真实活着、活在真实世界里的唯一方式。这也是终止让我们萎靡不振的自我批评的方法，哪怕这些批评有一定的道理。但这种内在力量比我们忧虑的心更强大，它比我们自己更了解我们。一旦我们解决了这个问题，不再指责或谴责自己，我们就能在生活中勇敢又自在！"

"即便自我批评有一定的道理"，这句在我看来，意思是有时候我对自己的某些指责，确实能找到那么一星半点儿的事实依据。比如说，我这个人不太擅长讲笑话，在运动场上也称不上矫健。可那又怎样？这完全不是什么大不了的事。我既没必要成为幽默大师或者运动健将，当然更不必为这些事忧心忡忡。

我得打住一下，站在你们父母的角度说几句。要是你数学不好，可千万别直接放弃，然后嘟囔着："唉，算了，我天生就不是学数学的料。"有些事情的确不是我们与生俱来的天赋，但还有些能力其实就像肌肉一样，可以通过后天锻炼得到增强。对我来说，培养耐心就是这样一个不断锻炼的过程。而对女孩而言，数学或许也正是需要她去通过锻炼增强的那块"肌肉"。我们都有可以通过努力去强化的能力。这也就意味着，她完全能够摆脱自我低估的困境。生命强大的内在力量，使她早已获得了她所需要的一切。它让她拥有完成眼前任务的能力，期望她能够毫无畏惧、自由自在地去迎接挑战！她一定可以做到！

"忧虑"的健忘症

忧虑是出了名的健忘。在研究过程中，我反复看到这样的观点。这也正是"忧虑私语怪"最惯用的把戏之一。作为一名心理咨询师，我的职责是为女孩们加油鼓劲，提醒她有多勇敢，所以这个把戏真的让我恼火不已！我可不是在危言耸听，事实就是如此，因为"忧虑私语怪"会完全误导她。

比如，每当她准备去做下一件有挑战性的事时，它就会使出浑身解数，让她把问题想象得比天还大，觉得自己渺小无助，甚至让她忘记自己曾做过的勇敢的事——哪怕她昨天，或者仅仅 5 分钟前，才刚完成一件了不起的勇敢之举。它最喜欢做的，就是让女孩选择性遗忘。这也是这本书兼具日记属性的原因，我希望你能记住自己曾经勇敢的瞬间。**而且，我希望你能回忆一下，在下面写一写，她最近做过的三件勇敢的事**

她很勇敢。她比任何降临到她身上的忧虑都要强大。她越快识别出"忧虑私语怪"的声音，看穿它最拿手的把戏，就越容易战胜它。

在这些惯用伎俩里，"忧虑私语怪"最爱用哪一招对付她？

具体来说，它都对她说了些什么话呢？

我希望女孩能牢记这些话术，如此一来，下次"忧虑私语怪"再度缠上她时，她就能一眼识破它的把戏。现在，我希望她开始运用她的思想武器，在脑海中战胜它。

滋养头脑的勇敢武器

有趣的是，科学研究也印证了"掌控杂念"这个古已有之的概念，这同样也符合现代神经科学原理。还记得我们讨论过"神经可塑性"这个词吗？这个专业术语意味着你的大脑终生都具有重塑能力。我们首先俘获"忧虑私语怪"惯用的虚假声音，然后就有机会学习新的思维模式。通过持续练习，可以重塑大脑的神经连接，实现思维的更新换代。

还记得那句"同步激发的神经元会连接在一起"吗？这意

味着，女孩们可以通过日常练习，主动塑造大脑的神经回路。我们越是频繁地运用特定的神经回路，它就会变得越强大。当然，在初期我们可能需要借助一些能带来即时舒缓效果的技巧，比如调节呼吸、专注定身，让大脑先稳定下来，为后续的深度改变创造机会。从长远来看，当她持续不断地练习捕捉杂念，并逐步用积极、正向的新思维取而代之，她就在不知不觉中重塑了大脑皮层。大脑皮层正是通过学习、逻辑思辨、理性论证以及丰富的生活阅历来不断学习和进化的。研究表明，重塑大脑皮层神经回路的最佳方法，是不断练习并强化那些她渴望拥有的思维和认知方式。

大脑皮层是相对容易改变的焦虑传导路径。下一章，我们会深入探讨如何改造杏仁核，但这需要付出更多"锻炼肌肉"般的努力，而非仅仅依靠思维。当下，我们还是要专注于"掌控杂念"这个目标，将"忧虑私语怪"彻底降伏。

预判忧虑的降临

我明白，让女孩们练习预判忧虑这种想法，听起来似乎有点匪夷所思，但我的确是这个用意。你听说过关于"疯狂"这个词的定义吗？即"周而复始地做同一件事，却期待不同的结果"。我十分认同这一说法，因为它让我摒弃了一味重复却徒劳无功的行为，这主要是通过转变我的心理预期来达成的。这本书的目的也不是让她再也不忧虑，而是期望你能够对忧虑的出现有所预见。

生活中必然会遭遇艰难困苦，我们将在第七章展开深入探讨。不过，你要牢记，她的忧虑还与她的性格特质息息相关。她之所以会忧虑，是因为她情感细腻，聪慧过人，责任心强且善于思考。在她的人生旅程中，"忧虑私语怪"的声音可能时大时小，这种情况会贯穿她的生活。它或许会沉寂一段时间，然而，当它如同打地鼠游戏里的地鼠般再度冒头时，我希望她能平静地告诉自己：忧虑又回来了。

无需感到诧异，不必惊惶失措地认为自己出了什么差错。了解那些引发她忧虑的触发点，提前预见忧虑的到来。它一定会再次出现，但她会变得愈发强大。她对它的出现越是有所预见，当它再度来袭时，她就越能敏锐地识别出它的"声音"。越早迎上去，就越能积攒与之对抗的力量。下一次，她便会更加胸有成竹地与之交手。

设置忧虑专属时间

当忧虑不期而至，提前知晓自己可能会陷入忧虑状态，实际上能帮她更好地应对。但请始终牢记，她比任何忧虑情绪都更强大。所以，接下来我要建议她做一件乍听起来有点奇怪的事，在成功驯服"忧虑私语怪"之前，不妨坚持践行。

请她在一天之中，为自己留出一段"忧虑专属时间"。是的，她没看错，就是要精心规划一段让自己尽情感受忧虑的时段。设定这样的忧虑时间，能带来以下几个关键好处：

- 防止她过度压抑负面情绪，避免它们以愤怒，甚至更为强烈的焦虑形式突然爆发出来。
- 让她不再觉得，自己必须完美地应对忧虑这场"战斗"，毕竟我可不希望让她觉得，事事都得做到尽善尽美。
- 时刻提醒她，是她在主导自己的情绪，而非被忧虑牵着鼻子走。

所以，至少在刚开始学习驾驭自己思绪的阶段，每天都要预留出一段忧虑时间。不过，别把这段时间安排在临睡前，否则你很可能难以停下，进而影响入睡。她可以把它安排在放学回家的路上，或者找个能静下心来思考的空闲时刻。

在认知行为疗法里，"忧虑专属时间"被称作"管控措施"。这就好比她真的抓住了一个制造麻烦的家伙，第一反应便是给他戴上手铐，限制其行动。通过设定忧虑的专用时段，她就如同给"忧虑私语怪"戴上了束缚的枷锁。选择一个适合她生活节奏的时间，如果你愿意，她还能和爸爸妈妈一起商量。当这段忧虑时间结束时，我建议她进行一次内心的冥想。这就如同践行一种积极的心理暗示，帮助我们牢牢掌控每一个负面念头，让它们不再肆意干扰我们的生活。完成冥想后，站起身来，投身于其他活动。

她可以外出漫步，沉浸于书籍的世界，和宠物狗尽情玩耍，与父母倾心交谈，或是和朋友进行视频畅聊。在认知行为疗法中，这些转移注意力的行为被称作"转换频道"。给自己设定一个明确的时间段，完成冥想后，果断切换掉忧虑这个"频道"。当她持之以恒地这样做，就是在向"忧虑私语怪"宣告：主宰我生活的，不是你，而是我和我内心的力量。

探寻真相

你读过《神探南茜》的系列小说吗？在我成长的岁月里，那可是我的最爱。接下来要讲的这个应对忧虑的方法，就需要你像书中的神探南希·德鲁一样，充分施展自己的聪明才智。我们要把"忧虑私语怪"的惯用伎俩反过来用在它身上，以其人之道还治其人之身，通过提出以下这些问题来打破它的"魔咒"：

- **预判焦虑风险**："这件事真的有可能发生吗？它发生的概率究竟有多大？"
- **修正认知偏差**："这件事的背后，会不会还隐藏着更多不为人知的细节？事情的全貌会不会并非我现在看到的这么简单？"
- **克服反刍思维**："我现在这样反复地思考、不停地念叨，到底是有助于我解决问题，还是反而让情况变得更加糟糕了？"
- **破除灾难化想象**："事情真的已经糟糕到我所想象的那种不可收拾的地步了吗？还是我自己把它过分夸大了？"
- **避免自我贬低**："我为应对这件事做了多少准备？我的能力究竟如何？"或者你也可以换个角度问问自己："要是塞茜看到现在的我，她会怎么评价我？她会觉得我做得怎么样？"
- **对抗遗忘倾向**："我最近都做过哪些勇敢的事情？那些经历是不是足以证明我有能力应对困难？"

当女孩按照这些思路去思考，就相当于成功掌控住了那些容易让她陷入忧虑的念头，让它们不再随意扰乱她的心绪。不仅如此,她还能通过这样的思考过程,证明那些负面想法是毫无根据的。这就如同我们给自己的思维做了一次细致的"事实核查",把那些虚假的、误导性的信息筛除出去。

为杂念命名

在第一章中,我们给那个总是在她耳边制造焦虑、散播恐惧的家伙取了个名字叫"忧虑私语怪"。她需要记住,我们把它比作打地鼠游戏里的地鼠,总是神出鬼没的。随着她年龄的增长,它出现的方式也变得越来越多样。每一次,它都会化作她在那个年龄段最害怕、最担忧的东西,给她制造恐慌。

我之所以让她给它取个名字,是希望她能学会把它和自己区分开来。我们常常会下意识地认为,脑海中出现的声音就是真实的,这是人的一种本能反应。但实际上,当她逐渐学会辨认那是"忧虑私语怪"的声音时,她就会明白,它所说的一切都是谎言,都是吓唬她的。一旦她能够成功区分出它的声音和你真实声音的不同,它对她的影响力就会大打折扣,无法再像从前那样轻易撼动她的情绪。

为其命名,其实还有另外一层深意。当它卷土重来时,无论换上何种伪装,我都希望女孩能一眼将其识破。想象一下,女孩可以自然地跟妈妈倾诉:"妈,那个'忧虑私语怪'最近又来了。这次，它拿我和朋友的关系说事，烦死我了。"又或者它可能会在大学择校、未来规划这些事上大做文章，总之，只要是它觉得能让自己陷入内耗的话题，它都不会放过。

不过，好消息是，女孩在本书后掌握了应对它的"秘密武器"，而且屡试不爽。尽管"忧虑私语怪"会变换花样迷惑她，但她如今学到的这些方法都能派上用场。无论是害怕考试失利，还是担心自己会呕吐，一旦它在她耳边低语，让她觉得困难不可战胜、自己渺小无助时，她都可以明确地回应它，让它知道，这些歪理邪说根本无法动摇自己。

霸气反击

要是你的女孩此刻正坐在我的咨询室里，我会将一把空椅子轻轻挪到她身旁，让她假想那个"忧虑私语怪"就坐在这把椅子上，然后，她要用自己最为坚定有力且满含嘲讽的口吻，把憋在心里想对它说的话一股脑儿说出来。好吧，开个玩笑，我不会真的这么做。这其实是我在读研究生时学习的一种心理咨询技巧，名为"空椅子技术"。不过，这种方式不太符合我的风格，真要实施起来，我会比她还尴尬。但我真心希望她能自己学会运用这一招。

当"忧虑私语怪"开始施展那些令人厌烦的鬼把戏来骚扰

你时，她要毫不犹豫地直呼其名，斩钉截铁地告诉它自己对它的真实看法。

它若开始聒噪，那便立即用更响亮的声音回击。

它若嘲讽她无法做到某件事，那就大声反驳，明确告知它自己完全有能力达成，让它立刻闭嘴。

它若贬低她是个失败者，那就毫不客气地告诉它："失败的是你，而且这已经不是第一次了。"

要是它企图否定她，说她从未做过什么勇敢的事，她就沉着冷静地向它列举你记忆中无比勇敢的瞬间。要是它质疑她的能力，说她不够聪明，她就坚定地提醒它，它的判断大错特错，让它认识到她有多么聪慧过人。在我给小来访者们传授这个技巧时，会把这种做法称作"霸气反击"。她甚至可以在脑海中切换成自己在小女孩时期最犀利、最神气的模样——想象自己跺跺脚、摇晃手指，用稚嫩的声线展现出的坚定与果敢。总之，我期望在这场与忧虑的战斗中，她的内心之声会更响亮。我希望她能深刻地领悟并感受到，她的力量远胜于"忧虑私语怪"的干扰。

心理学书籍中，将这类思维方式称作"应对性思维"。但在我看来，我们不妨把它们视作"真理宣言"，因为它们本就是真理。女孩们比自己的忧虑更强大。任何降临到她身上的焦虑都比不过她的勇敢。"忧虑私语怪"会不遗余力地向她灌输相反的观点，但请相信，她的实力更胜一筹。不断练习吧！将"忧虑私语怪"抛出的每一个负面想法都牢牢掌控，让它们顺从于自己内心的真理，顺从于她真实的自我。我衷心希望她的脑海中能够充盈着这样的想法。这些积极的思维不仅能够能改变她的大脑皮层，重塑她的大脑思维模式，更能让她摆脱束缚，成为那个勇敢的自己。

那么，当"忧虑私语怪"在她耳边喋喋不休时，她能想到并提醒自己的 10 条真理宣言是什么呢？

把这些"真理宣言"写在便签上，张贴在浴室镜子旁，或者复制到手机备忘录中。这样一来，无论何时，只要"忧虑私语怪"的聒噪试图压过她内心坚定的声音，她都能随时翻看，从中汲取力量。要始终铭记，她远比想象中的自己更坚韧，更聪慧，也更勇敢。这一点，千万千万不能忘。

回顾这一章内容,你学到了哪 5 件让你刻骨铭心、想要牢牢记住的事?

如果要分享给正处困境的孩子,你又会传授哪 5 条最实用的建议,帮助她们在对抗忧虑的路上勇往直前呢?

记住这几件事，女孩会更勇敢

- 焦虑的产生有两条路径：杏仁核负责本能反应，大脑皮层负责过度思考。后者会不断预演危机，反复咀嚼忧虑，甚至陷入灾难化思维，最终让这些思绪扭曲我们的感知，甚至潜移默化地塑造我们眼中的现实世界。
- 焦虑的本质，是放大了问题，低估了自己。
- 我们完全可以主动掌控每一个念头。从精神层面来讲，我们可以通过熟稔于心的诗文吟诵，获得心灵的慰藉与指引；从神经学的角度出发，运用本章所介绍的方法并持续练习，能够从根本上重塑大脑神经回路，调整思维模式，显著减轻焦虑情绪。
- 我们帮助大脑应对焦虑的方法有：提前预见忧虑的降临，设置忧虑的专属时间，运用理性思维探寻事实真相，为负面念头命名，以及霸气强势地反击。
- 女孩对忧虑的预见越多，当它再次出现时，就能越早识别出它的"声音"，更容易拥有瓦解它的力量。预判是防御的第一道盔甲。

- 每天设定20分钟的"忧虑专属时间",像处理邮件般审视焦虑。这种仪式感会逐渐让她意识到:是她选择了何时掌控焦虑,而非被焦虑随时"劫持"。
- 当忧虑对她耳语时,启动"侦探思维"寻找反证:这些预言真的会发生吗?那些看似可怕至极的事情,真实发生的概率究竟有多大?充分发挥她的才能,逐一推翻它的不实言论,增强内心的自信与力量。
- 用坚定的声音回击焦虑的谎言。时刻提醒自己:"她根本无法主宰我的生活,我才是自己人生的主人。"

第六章
呵护女孩的心灵

在"帮助"这部分的每一章内容里,我们都在不断向问题的核心靠近。最初,我们着眼于身体层面,身体的反应往往是本能,处于较为浅显的表面和女孩的本质关联不算紧密,更多的只是身体应对威胁时的自然反应。随后,我们深入一步,探讨了在她大脑中,"忧虑私语怪"企图产生的负面想法,以及她该如何有效掌控这些思绪。不过,如果是在心理咨询的情境下,我会期望她再往深处挖掘。我想帮助她从单纯的思维层面跳脱出来,深入探寻自己的内心世界。这不再仅仅是询问"你在想些什么"的问题,而是聚焦于"在你心里,正经历着怎样的感受"。

　　我之前就讲过,我深信你的女孩是极为善良的人。说实话,我还从未碰到过既焦虑又不善良的女孩。我觉得善良是她性格中不可或缺的一部分。她真心实意地关心他人,情感细腻而深沉。我留意到,她总能敏锐地察觉到一些事情,一方面,这些事常常被其他人忽视;另一方面,别人根本不知道她在看、在留意、在感受,甚至内心还产生了触动。我明白,这在一定程度上是她产生忧虑的缘由,但我也坚信,这正是她可以加以善

第六章　呵护女孩的心灵

用的独特之处。

你知道那句关于"独一无二的你"的名言吗？创办"明日之星"心理咨询机构的梅利莎女士常常引用这句话，我觉得它值得反复品味，因为它太贴合女孩的特质了。"你是这世间独一无二的存在，你的生命中必定存在某些特质，注定能以无人能及的独特方式，展现出你的非凡价值。"我认为，你的女儿身上这些独特的部分，正是她的心灵。而她的心灵，恰恰是"忧虑私语怪"最后试图攻陷的阵地，这几乎是它妄图击垮她的最后挣扎。我坚信，在这场与忧虑的对抗中，她的心灵是最为强大的武器，因为它是解开这本书核心谜题的关键钥匙：找到真正的自己。

这本书聚焦于如何铸就勇气，以及教会你们如何战胜"忧虑私语怪"。然而，它的意义还远不止于此，更重要的是帮助你的女儿探寻那个被焦虑掩盖的本真的自己，那个扎根于心灵深处、最特别的自己。"忧虑私语怪"似乎察觉到了她潜藏的力量，知道她有可能会为这个世界带来与众不同的改变，所以它会使出浑身解数，在最后的关键时刻阻挠这一切的发生。不过，我们早已识破它的种种阴谋诡计，只是它还蒙在鼓里，浑然不知。

"忧虑私语怪"针对心灵的诡计

《焦虑的孩子，焦虑的父母》（ *Anxious Kids, Anxious Parents* ）一书的作者指出："焦虑源自对两种体验的执着渴求：确定性与舒适感。但问题在于，这种追求往往急切而无休止，渴望能立刻且持续地拥有这两种状态。"不知你是否对这种说法感同身受？接下来我要说的可能有点刺耳，但我常常告诉家长们，焦虑的孩子和青少年，是我所认识的控制欲最强的人群之一。这话有点扎心，实在抱歉。

其实，我自己也是一样。我们这些容易焦虑的成年人，同样也有着很强的控制欲。我们内心深处都极度渴望生活充满确定性、舒适感和掌控权。一旦这些期望落空，我们便会不由自主地选择逃避。而这恰恰就是"忧虑私语怪"攻击你内心时最惯用的花招。当我们勇敢地放下对确定性、舒适感和掌控权的执念，不再一味逃避生活中的挑战时，我们会惊喜地发现，自己正站在一个全新的起点，眼前的一切豁然开朗，迎来许多意想不到的、有意义的人生体验。不过，我好像说得有点太快了。在讨论如何拥抱新生活之前，我们得先把"忧虑私语怪"的这些招数彻底弄明白，想想为什么我们曾经会觉得只有依赖这些，才能让自己获得安全感。至少，我们要搞清楚，忧虑究竟是如何误导我们，让我们产生这种错误认知的。

确定性

我仍清楚记得小时候，妈妈口中的"也许"是我最讨厌听到的词。我满心期待地问妈妈能不能邀请朋友来家里玩耍，得到的回应是"也许可以"；当我询问是否会去探望亲爱的外婆，妈妈还是那句"也许会去"；甚至当我渴望出去吃顿晚餐，得到的答复依旧是让人失落的"也许吧"。回想起那时，只要一听到这个词，我的内心就被无尽的挫败感填满。我渴望的不是一句模棱两可的"也许"，而是一个确凿无疑的答案。

当然，这并非单纯因为我任性，虽然可能有那么一点关系。但更多是源于我内心深深抗拒那种悬而未决的未知感，这种感觉即便到现在也依然存在。有时候我会忍不住提前好几周就开始规划和安排事情，但我不得不努力克制，同时提醒自己，并非所有人都像我这样，非得提前知道未来即将发生什么不可。不过，我猜你的女儿或许和我有同感。毕竟，确定性会让人感到安心，当我们明晰未来即将发生什么、他人对我们的具体期待以及事情会如何发展时，内心自然就会踏实很多，仿佛一切尽在掌控之中。

试着在这里写几件你觉得你的女儿想十分想要确切知晓的事情。

但现实却很残酷，我们往往做不到，因为我们无法预测未来。退一步讲，即便人真的拥有这种能力，也未必就能给我们带来益处。这里，我想和你分享一个为人父母的小秘密。我告诉家长们，判断孩子是否焦虑的一个显著迹象，就是观察他是否会对某个话题问个没完没了。比如，孩子可能会一连串地追问："你什么时候出门？你几点能回来？你要和谁一起出去？你不在家的时候我该做些什么？你到底什么时候能到家呀？"诸如此类连珠炮似的问题，你小时候或许也问过很多。我会向家长们建议，同一个话题，回答的问题不要超过五个。这是我在长期研究中总结出的经验。事实上，回答每一个追问，并不能从根本上解决孩子的焦虑问题，因为问题的关键并不在于提问本身，而在于孩子内心对确定性的强烈渴望。这些连环追问的时刻，其实是"忧虑私语怪"在背后洗脑，让孩子觉得，如果得不到确定性的答案，生活就会很糟糕。

如今，你已经经历了许多生活的起起落落，也应该逐渐明白，在这个充满变数的世界里，确定性并非总能如我们所愿。不过，就算不确定未来会怎样，你也一样可以过得很好。

舒适感

孩子们抛出那些问题，不只是想要得到答案和确定性，他们还渴望得到安抚和慰藉，希望父母的回应能为他们带来舒适感。

我认识一个叫安妮的女孩。安妮非常聪明，风趣又善良，和她相处特别愉快，你要是认识她，也会由衷地喜欢上她。然而，安妮饱受惊恐发作的困扰。她现在正值高三，每次需要离家在外过夜时，就会感到强烈的不安，导致惊恐发作。学校组织旅行时会这样，夏令营前夕也会这样，她甚至不喜欢去朋友家过夜，因为这些活动都会成为惊恐发作的导火索。不久前我们在我的咨询室聊起这件事，她说了一句话让我永生难忘。

"最近我才发觉，每当惊恐发作时，我和妈妈之间的关系就变得格外亲密。只有那个时候，她给予我的悉心关怀与呵护，是平日里少有的。过去我从未思考过这一点，然而，或许这其中存在着某种缘由。这并非是我惊恐发作的根源，却可能解释了，为何有时发作一旦开始，即便我明知有办法阻止，却仍放任其发展的原因。因为，我想离妈妈更近一点。"

安妮拥有一位极为出色的母亲。她坚强、睿智且幽默。只是，她并非那种时刻都能将温暖与抚慰传递给孩子的母亲。然而，每当安妮陷入惊恐发作的困境时，她就会立刻转变角色，给予女儿无微不至的关怀。和我们每个人一样，安妮内心深处对舒适感有着强烈的渴望。

在我的接触中，有不少女孩会从各种能想到的方面寻觅舒适感。记得有这样一个女孩，每当焦虑情绪来袭，只有通过触摸物品，才能让她的内心逐渐平静下来。她先是轻轻触碰一本书，随后便会顺势去触摸摆放那本书的桌子，紧接着，她的手又会伸向桌子下方的地毯。还有的女孩，只有通过在身体两侧进行对称的轻拍动作，才能找到放松与安慰感。或许，当你被焦虑笼罩时,也会不自觉地依赖某种特定的行为,也就是我们常说的"仪式",来获取心灵的舒适。

此刻,请你回想一下小时候的睡前时光,那时,你是否有一套固定的行为习惯呢?我可是有的。我会先让妈妈检查一下我的床底和衣柜(因为,你懂的,以防里面有怪物)。然后她会坐在我的床边,接着我会说:"做个好梦,妈妈晚安,我爱你。"她也会用同样的话语亲切地回应我,每天晚上都是如此。那时的我全然不理解,为何我们要遵循这个固定习惯,如今我已然明白。当我感到焦虑不安时,这套流程给予了我舒适感。和我聊过的很多女孩不会使用"舒适感"这个词,她们会说,在未遵循某种特定习惯之前,一切都感觉"不对劲"。其实,这种舒适感与难过时从在乎之人那里获得的安慰截然不同,这些习惯似乎能将我们的焦虑阻挡在外,进而带来抚慰。

当我们处于焦虑状态时,每个人都有能给自己带来舒适感的行为。也许是吃美食、锻炼;也许是和朋友共度时光,或者抚摸自己的狗;也许是某种习惯,或者某种仪式。这些行为本身并无不妥,但问题在于,如果我们觉得自己必须去做这些事,否则就会不安时,这些事情就会变成一种强迫行为,而不再是单纯地寻求舒适。如你所知,强迫性的仪式也无法长久地发挥作用。或者它们暂时有效，但执行起来会变得过于繁琐复杂，以至于最终我们反而比一开始更焦虑了。

你认为能给你的女儿带来舒适感的 3 样必需的事物，或者必须去做的 3 件事情是什么？

你的女孩一切都好，无论是此时此刻，还是在她满心焦虑之时，哪怕她没能拥有那些最能带来慰藉的事物，或是没办法去做那些最能抚慰自己心灵的事情，她也依旧安好。

掌控权

想想看，当你的女孩面对不可预知的状况时，会有怎样的表现？又会如何应对突如其来的变化？如果她不喜欢或者抗拒未知和变化，那么她可能是掌控型的人或者倾向于喜欢掌控局面。不过，"掌控"一词对她而言，或许听起来过于强硬。但我

第六章 呵护女孩的心灵

想说的不是要完全控制一切的意思，只是不想让事情偏离正常的轨道。就拿我来举例吧，我真的很不擅长应对混乱无序的状态，甚至周围要是有太多噪声或者喧闹，都会搅得我心神不宁。当然，迪士尼乐园是个例外。在那里，无论米奇和玛丽·波平斯带来怎样热闹非凡的场景，我都能乐在其中。

掌控权也意味着确定性和舒适感——我清楚即将发生什么，因为我会确保一切按计划进行。我也清楚什么能给我带来安慰以及如何获得这种安慰。一切尽在我的掌控之中。

记得高中的时候，有一次和一个男生出去约会，坐在车里的时候，我强迫自己等着他先开口问我问题。要是不太熟悉对方，沉默就会让我觉得浑身不自在，所以我平时总会问好多问题，好让对话能一直进行下去。我这么做不是想控制局面，也不是想主导对话，只是单纯想表现得友好些，不想让气氛变得尴尬。可现在想想，当时那样做可能会让人觉得我控制欲很强。

我还特别不喜欢小组作业。要是能自己完成项目，我肯定能把工作做好，拿到心目中的理想成绩，就算拿不到，也不会差太多。但在小组任务里，总会有人偷懒不干活，而且你还管不了他（说实话，这种情况一般都是男生）。现在一想起这些，我还是觉得特别郁闷。

在哪些方面，你发现你的女儿总是在努力掌控局面？

恐怕，追求掌控权和一味地渴望确定性与舒适感一样，都如镜花水月般不现实。实际上，我们根本没办法完全掌控所有事，就算暂时掌控住了，也无法维持长久。只要我们生活在家庭里，或者与人打交道（而这两者都是我们生活中不可或缺的），就做不到完全掌控。不管我们怎么努力，别人的想法和行为都不由我们决定，生活的走向也是这样。所以，试图掌控一切，终究是徒劳无功的。有时候，越想掌控，控制欲就愈发膨胀。可这无疑背离了我们的初衷，更不是我们想要的生活。

所以，不要觉得失去了掌控权就不行，就算生活不受控制，你也一样能把日子过得精彩。

这些想法还存在另一个问题：比起信任自己，我们更愿意相信能带来安全感的确定性，依赖舒适感的避风港，或者以为掌控一切就能万事大吉。但我真心希望你的女儿能学会相信自己。现在，请先相信我，我们一定能做到。不过在这之前，我们得聊聊"忧虑私语怪"的最后一个把戏。

逃避

在我的咨询室里，逃避这种现象实在是屡见不鲜。让人无奈的是，还有许多家长无意间会把问题变得更严重。就在不久前，我接待了一位正接受在家上学教育的女孩。其实，在合适的情况下，在家上学可以是一件很棒的事。然而，除非孩子的焦虑严重到身体状况实在不允许去学校，否则，绝不能只因孩子焦虑就决定让其在家上学。可这恰恰就是这个女孩在家上学的缘由。

"她和朋友们相处得不太融洽。"女孩的妈妈告诉我，"所以她一到学校就觉得身体不舒服。每天午饭过后，她都会给我打电话，叫我去学校接她回家。看她那难受的样子，我心疼得不行，肯定得去接呀。后来，她身体不舒服的时间越来越早，到最后，一起床就难受得厉害。这对她来说，压力实在太大了。所以现在我们让她在家上学，她还挺喜欢的。不过我想着，要是她能来找专业的人聊聊，说不定对她有帮助。我觉得她可能是焦虑了。"

这个女孩或许真有些焦虑，也可能如愿以偿得到了自己想要的。我并非质疑她身体不舒服的真实性，也不否认她存在焦虑情绪，我相信她确实饱受困扰。但如果她可以早点寻求心理咨询，她本可以掌握"忧虑私语怪"的应对窍门和方法，进而战胜焦虑。她本可以在上学前就开始练习这些技巧，在学校里也能持续运用。我深信，这不仅能缓解她身体上的不适，更能抚慰她的心灵。比起一味逃避"忧虑私语怪"，战胜它无疑会让她的自我认同感更强，也会让她更加自信。她逃避了令自己恐惧的事情，同时也躲开了"忧虑私语怪"。结果，焦虑赢了。同时也意味着，她才是真正的输家。

事情越失控，我们就越追求确定性和舒适感，紧接着又开始追求掌控权。如果所有办法都行不通，我们就选择逃避。但殊不知，逃避只会让焦虑变本加厉。

你的女儿现在有没有正逃避着某件事，可她内心深处又特别希望自己能鼓起勇气去做？

此刻，要是你的女儿也曾有过这样的经历——因为恐惧，从那些令她害怕的事情里抽身而出，甚至连学都不想上了。我希望她能大声告诉自己："'忧虑私语怪'哪怕得逞一次，也休想把我彻底击垮！"我们每个人都难免会在某些时刻被它打败。但这并不意味着她就得一直退缩，她依旧可以鼓起勇气，从点滴小事开始，一步步去改变。这一章后续的内容，就会手把手教她该如何勇敢面对。

每当她勇敢地去行动，自我感觉就会越来越好。想要彻底战胜内心的担忧与焦虑，勇敢直面是必经之路。要是她一味地逃避，"忧虑私语怪"就会变得愈发嚣张跋扈，她则会愈发怯懦渺小。但事情并非注定如此，她完全有能力改变。

她一定能勇敢行事，直面恐惧，且安然无恙。要是巧用应对方法，还会收获更多。

呵护心灵的勇敢法宝

这些法宝，是呵护心灵的良方，会带来深刻且持久的改变。作用于身体的方法，能让我们即刻获得安宁与平静，这是我们急需的；作用于思维的方法能够让大脑皮层产生变化，转变思考模式，同样有着重要意义。但更为深刻的是，这些作用于心灵的方法，会改变你的生活方式，帮你学会用能够促进深层人际关系的方式表达自己的感受，重塑你面对生活与困难的态度，让你更加自信。它们还会激励你勇敢行动，并助你在这个过程中发现崭新的自我。

情绪词汇表

心理学家保罗·艾克曼（Paul Ekman）曾提出，人类有六种基本情绪，分别是愤怒、厌恶、恐惧、快乐、悲伤和惊讶。而另一位心理学家罗伯特·普鲁奇克（Robert Plutchik）则认为，人类有八种基本情绪，即喜悦、悲伤、愤怒、恐惧、信任、猜疑、惊讶和期待。不过，英国苏格兰格拉斯哥大学所进行的一项关于人类面部表情的研究却表明，我们实际能够明确识别的情感只有四种。研究还发现，恐惧与惊讶的面部表情极为相似，很难分清；愤怒和厌恶的表情亦是如此。这着实令人意想不到！

情感领域的权威观点认为，人类主要有五种基本情感。有趣的是，这五种情感的名称恰好与它们所代表的情绪完全契合，分别是：喜悦、悲伤、恐惧、愤怒和厌恶。是不是感觉有点熟悉？再给你一个小提示……"我愿意为莱莉付出一切。"没错，我所说的正是电影《头脑特工队》(*Inside Out*)中的台词。要是你还没有看过这部电影，强烈推荐你去观赏一下！

在我为小女孩们编写的书籍中，有一张以我的狗露西的表情为素材制作的情绪图表，可爱极了。但我觉得对于你正值青春期的女儿而言，可能略显幼稚。那张图表中总共涵盖了16种情绪，分别是开心、难过、担忧、害怕、生气、勇敢、期待、嫉妒、感恩、失望、尴尬、兴奋、沮丧、不安、自豪和安心。小女孩们需要在每一个表情下方填写对应的情绪名称。在《给女孩的66问》中，我也为她们准备了一份专属的情绪图表。我希望她能够花费几分钟的时间来仔细审视它，并认真回忆一下自己上一次产生这些情绪时的具体情境。那么，现在就开始行动吧，这个时机刚刚好。

仔细想想，在这些情感中，女孩究竟会和他人分享几种？和家人呢？和朋友呢？我感觉，她可能更倾向于表达开心、充满希望、感恩和兴奋这类积极的情感。其实，这并非意味着她仅仅体验过这类积极情绪，而是在表达情感时，她更侧重于分享这些方面。我记得我们之前曾简单探讨过这个话题，我认为，这源自女孩内心的善良。我认识的好多善良的女孩，都不太会表达自己的愤怒。她们常常会对我说："不，我很少生气。"我发现女孩子在表达愤怒、沮丧这些情绪的时候，总是会有所顾虑，有时甚至连悲伤和失望也难以轻易说出口。因为她们担心一旦说出来，会被他人认为不善良、不友好，或者不讨人喜欢了。

实际上，只要她坦然面对自己的内心，她就会发现，这些情绪她都曾经历过。而且，每一种情绪本身都并无好坏之分，既不恶劣，也并非不恰当，更谈不上有罪。事实上，愤怒本身并没有错，真正会伤害自己和他人的，是我们处理愤怒的方式。其他情绪也是这个道理。正如我的一位朋友所说："要是我们不去主动梳理自己的情感，那么情感就会反过来'摆布'我们。"换言之，如果我们没有选择通过健康、恰当的方式，比如艺术创作、写日记或者向他人倾诉等方式来释放内心的情感，那么这些情感就会自行寻找宣泄的出口……而这样的宣泄方式往往会给我们自己和身边的人带来伤害。

事实上，我敢说，要是她不把心里的感受表达出来，这些感受就会找到一种情绪作为主要的宣泄途径冒出来。就拿我来说吧，我的情绪常常化作愤怒和烦躁冒出来。好多时候，我晚上睡觉的时候会感觉烦躁不安，但等我静下心来仔细想想，才意识到是白天的时候，我在哪件事上受了伤、被人冷落，或者心里一直藏着担忧。又或者，说不定是我不小心伤了别人的心。可不管怎样，我都没有好好地处理这些情绪……甚至可以说，

第六章 呵护女孩的心灵

我根本就没管它们。

你的女孩可能和我一个朋友很像,她的情绪总是借着焦虑的形式"冒头"。这种情况常常发生在她洗澡的时候,开车的时候,还有睡觉之前。就是在那些她安静下来、没有外界干扰的时候。然后,突然之间,她就感觉自己不堪重负,好像快被压垮了,几乎要落泪,甚至连呼吸都不顺畅。在这些瞬间,她被焦虑情绪牢牢地控制住了。

每到夏季,我们都会带着"明日之星"的孩子们去一个叫霍普敦的地方。那里有一座漂亮的湖边小屋,我们会在那里开展暑期活动。活动内容十分丰富,大家可以玩水上充气滑管,也可以一起敞开心扉交流——大量的交流,真的有聊不完的话题。我朋友梅利莎创办了"明日之星",霍普敦的这座小屋就是她的。她还负责讲解诗文,在给你们这个年纪的孩子讲解古典诗文的人里,她是我最喜欢的。

几年前的一个夏天,她讲过一件事,我至今都难以忘怀。她让孩子们坐在停在车道上的一辆面包车里,然后说起汽车机油警示灯的重要性。她告诉孩子们,机油警示灯亮了,就是一种警示信号,它在提醒我们,汽车引擎盖下面出问题了。因此,每当机油警示灯亮起时,我们最好留意一下,这对我们有好处。梅利莎把我们的情绪比作机油警示灯。我想补充的是,我们每个人的"机油警示灯"都跟特定的情绪模式有关,它们表现各异。那天下午在面包车里,她还说,当我们情绪的"机油警示灯"闪烁时,我们往往选择忽视。这就好比拿锤子把警示灯砸坏。如此一来,我们的"车",也就是我们的内心,就会受到伤害。

你的情绪"机油警示灯"是什么?从下面的情绪中圈出一个。

愤怒　　悲伤

焦虑　　沮丧

绝望　　无助

直到现在我才意识到,自己也有一盏"机油警示灯"。

下次,当你的女儿的"机油警示灯"亮起时,我希望她再找找,当下还有哪三种情绪藏在心底,然后把引发这些情绪的原因写下来,或者找朋友聊聊。我真心相信,这样做会缓解你的忧虑。

我记不清有多少次,女孩们来找我倾诉,说自己的焦虑感比平常更严重,还说"完全不知道为什么"。我们聊得越久,就越能了解到,可能是某个她们很在乎的朋友伤了她们的心,或者得知她们的父母正在谈离婚。我几乎可以肯定,无论焦虑背后藏着什么原因，她们肯定都没跟身边任何人说起过。

从"焦虑大脑 101"基础课的角度来说，倾诉的确很有帮助。研究表明，谈论自己的感受能降低杏仁核的活跃度，同时刺激大脑皮层中负责调节情绪和激发动力的区域。这是不是特别神奇？现在，咱们来聊聊那份动力，还有那些拖了后腿、阻碍动力产生的因素。

勇敢阶梯

我猜，可能有些事女孩们很渴望去做，却因为担忧而止步不前。或许这些心事她未曾向任何人袒露，甚至连她身边最亲近的人都没提起过。但在内心深处，她清楚自己想去做。也许你甚至觉得这是命运的指引，可焦虑却占了上风。最后，她没有用心去尝试，反而花时间去逃避。不仅逃避做这件事，甚至不敢谈论这件事。一旦在日常交谈中触及这件事，她就会下意识地抵触和回避。

倘若此刻，我和她正面对面而坐，我会轻轻向她靠近。我想让她知道，我理解她的感受，并且与她感同身受。我知道这有多难，但我也想让她明白一个道理：越逃避，焦虑就会越严重。逃避，其实是在阻碍杏仁核学习怎么应对这些情绪。研究发现，想要让杏仁核产生持久的改变，唯一的办法就是去经历。

所以，那些看着让人害怕的事情，我们必须得去做。她越常去做那些可怕的事，大脑应对焦虑的抵抗力就越强。它会锻炼出一套属于自己的强大的抗焦虑"肌肉"。而这，正是我们所说的"勇敢阶梯"的真正意义所在。

先暂停一下。在探讨"勇敢阶梯"之前，我想先把她的注意力转向一个有趣的概念——"情绪温度计"。它就像一个情绪的"晴雨表"，可以直观地反映出我们内心情绪的起伏变化。现在，请她静下来，仔细审视自己当下的内心状态，要是让她用数字1到10来给自己此刻的焦虑程度打分，她会打几分？

来，咱们再做个有意思的小实验。让她试着用方形呼吸法做四次深呼吸，深深地吸气，缓缓地呼气。**做完之后，再用刚才的"情绪温度计"，重新评估一下自己的焦虑程度，看看分数有什么变化？**

"情绪温度计"就像是她的情绪小助手，她一定要牢牢记住它。等到我们在探索"勇敢阶梯"的时候，它还会派上用场。

接下来，请把注意力转向内心深处。仔细想想，生活里有没有什么事是自己一直想做，却因为焦虑而没做成的。我希望她能好好梳理一番，列出5件这样的事。别着急，慢慢想，这可能需要花上一小会儿时间，完全没问题。这些事可大可小，小到比如，鼓起勇气尝尝一直不敢碰的抱子甘蓝之类的食物，或者更离奇一点的……也可以是大点的事情，像是参加一次期待已久的学校旅行。但她写下这些事情的前提必须是自己真正想做，比如在众人面前发言等。只要是切实可行的，什么都可以。不过目前先别选攀登喜马拉雅山这种难度系数超高，或者实施起来可能千头万绪的事情。**现在，就请你拿起笔，在下面认真地写下你认为你女儿的 5 个一直想做，但却因为焦虑没做的事吧。**

接着，她可以拿起"情绪温度计"，给你所写的这 5 个目标逐一打个分数。打分的依据是，当她脑海中浮现出实现它们的念头时，内心所涌起的焦虑程度。

接下来，我们可以从这 5 个目标里，挑出那个最容易达成的，也就是那个让她心里的焦虑最轻微的目标。**在下面这个**

"阶梯"上,把这个具体目标写在最顶端的台阶上。然后,我们来思考朝着这个目标前进的步骤。

实现目标的步骤既可以源于真实生活,也可以存在于她的想象之中。用心理治疗的专业术语来讲,这分别被称作实景暴露疗法(基于现实生活)和想象暴露疗法(基于想象)。现在,她已经了解了这些概念,谈论起来也就更加专业了。就比方说,她对狗怕得厉害,可内心又特别渴望养一只狗。

在这个"勇敢阶梯"上,最顶端的目标是拥有一只属于自己的狗。

往下一级台阶,是帮朋友照顾他们的狗。

再下一级台阶,是坐在地板上和朋友的狗玩耍。

再下一级台阶,是抱抱小狗。

再下一级台阶,是和朋友的狗待在同一个房间,但不碰它。

再下一级台阶,是去狗狗公园,不过只是坐在狗狗活动区域的外面。

第六章 呵护女孩的心灵

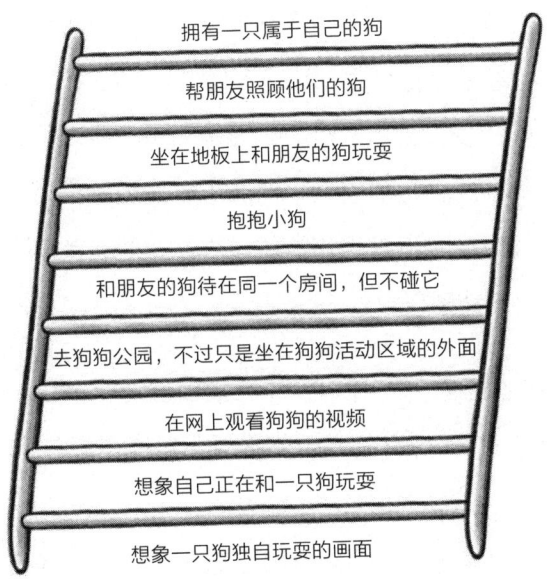

再下一级台阶，是在网上观看狗狗的视频。

再下一级台阶，是想象自己正在和一只狗玩耍。

最下面一级台阶，是想象一只狗独自玩耍的画面。

如果她习惯通过轻敲物品、反复检查，或是进行特定仪式来缓解内心的焦虑，那她大概率会有这样的体验：只要不完成这些行为，心里就像缺了点什么，怎么都不踏实。但实际上，这不过是她的"忧虑私语怪"又在耳边絮语了。她越是频繁地依赖这些仪式，就越容易被它定的"规矩"牵着鼻子走。想要

197

摆脱这种困境，第一步就是克制自己，不再进行这些仪式。这种方法在心理学上被称为"反应预防"，它是让"忧虑私语怪"闭嘴的重要一步。而暴露疗法，则是一步一步地，慢慢引导她去做那些曾令她害怕的事情，同时不再遵循焦虑所设定的任何规则。不过，在实施暴露疗法的过程中，每一步都有几个关键要点，需要她特别留意：

1）初始评估：一开始，先评估自己当下的焦虑程度。她可以借助之前提到的"情绪温度计"，给自己的焦虑状态打个分。

2）耐心等待：她必须停留在这一步，直到焦虑程度降至初始的一半。这个过程可能可能需要45分钟甚至1个小时，千万不要心急，给自己足够的时间去适应和调整。

3）多次重复：为了让她的杏仁核真正学会应对焦虑，她需要多次攀爬这个"勇敢阶梯"，至少要重复三次。

毫无疑问，这个过程会很难，这也正是其中的意义所在。请相信，她完全有能力去做困难之事，她不仅能顺利完成这些步骤，未来还能勇敢地迎接更多的挑战。起初，她的杏仁核肯定会被激活，这是正常的生理反应，也是必经的过程。只有当杏仁核被触发，大脑才有机会建立起新的路径。这时，她可以尝试深呼吸，放松身心；也可以练习定身技巧，专注当下。总之，做一些当下她认为有用的事来帮助自己。但如果她的杏仁核没有参与到这个过程中，那它就无法学习，她也难以真正摆脱焦虑的纠缠。忍受焦虑，接纳其存在并尝试与之共存，的确能够改变焦虑的状态。在她努力战胜焦虑的过程中，她会逐渐领悟到这些真谛：

- 我此刻满心焦虑，但这一切终会过去，情况定会好转。
- 只要我直面那些令我恐惧的事情，就不会那么害怕了。
- 我厌恶焦虑带来的不安，但我有足够的能力去应对。它无法真正伤害我。
- 担忧无法成为我前行路上的阻碍。
- 尽管现在的状况让我难受，但我一定能够挺过去。
- 我远比自己所恐惧的事物更强大。

暴露疗法能带来深远且持久的改变。从本质上来说，她是在重塑杏仁核的反应模式，这简直不可思议。她越多地攀爬自己的"勇敢阶梯"，战胜焦虑就会变得越轻松。想一想，上一次她去做一件艰难的事情并完成之后，内心涌起的是什么感觉？

我曾经为了给"明日之星"机构筹款，毅然完成了长达约640公里的骑行之旅。这是我做过的体力消耗最大的事。那个时候，巨大的考验让我每天都会哭，但我依然坚持了下来。当然，在旅途中，我也曾和一同骑行的伙伴放声欢笑，享受时光，我们还时常引吭高歌，用歌声驱散疲惫。现在回想起来也不全是艰难时刻，只是大部分时候比较艰难。我会永远为自己做了这件勇敢的事而感到骄傲。那么，她呢？在她的成长历程中，她做过什么让自己感到骄傲，同时又充满挑战的事？我衷心地希望你能为自己感到骄傲，相信自己拥有无限潜能，去展现出我始终坚信的潜藏于你内心深处的勇气。我还希望，在这个过程中，她能收获一些奖励与惊喜。

奖励

在运用奖励这个方法时，我们十分需要作为父母的你们的配合。真心建议你让他们读一读这一章节。奖励对成长起着重要作用，哪怕是成年人，同样需要奖励来激励自己。就拿我创作这本书的经历来说，写作期间，我也会时不时地放下手头的工作，起身给自己安排点小惊喜，或是和露西一起玩会。显然，与露西一起玩耍的时光，对我而言是无比珍贵的奖励，总能瞬间治愈我疲惫的身心。

接下来，我希望你在和女儿沟通后想出 20 件对她来说算得上奖励的事情。既要有小奖励，也要有大奖励；有需要花钱的，也有不花钱的。以下是一些思路，希望能为你提供灵感：

- 由你的女儿做主，为全家挑选一间外出就餐的餐厅，大家一起享用一顿美食。
- 额外获得一次在朋友家留宿的机会。
- 上学日的晚上，允许你的女儿也能在朋友家留宿。
- 邀约几位她的好友一起留宿聚会，享受相聚时光。
- 由父母买单，让她和一位朋友去餐厅共进晚餐。
- 她能收获一本梦寐以求的新书。
- 与父母中的一方进行一次专属"约会"，增进感情。
- 养一只可爱的新宠物。
- 和父母中的一方开启一段旅行，留下珍贵回忆。
- 与妈妈相约去做美甲，享受惬意的时光。

再继续想想，还有哪些事情一旦实现，会让她感受到满满的幸福，就像收获了超棒的奖励一样？

好啦，接下来是具体的计划。重新审视你们沟通后列出的奖励清单，给每一项奖励赋予一个分值。完成之后，去购置一个大玻璃罐，从工艺品店买些有趣的绒球或类似的小物件。此后，每当她在"勇敢阶梯"上勇敢地迈出一步，或是做了一件勇敢的事,她都有资格获得一个绒球,当然,要是父母一时疏忽,她也可以适时提醒他们,这是你凭借勇气赢得的。随着绒球不断积攒,你就能够去"兑换"清单上那些或小或大的奖励,让每一次的努力得到回馈。

然而,在所有奖励中,她将收获的最大的那一份,是在勇敢行动中逐步建立起来的自信。说实话,在我心中,这份自信的力量,和得到一只可爱的新宠物的满足感份量一样重!

练习

我们此前探讨过,引发焦虑的两条路径,同样也是实现持久改变的关键途径,分别关联着大脑的两个重要区域:大脑皮层与杏仁核。我们通过用勇敢无畏的想法取代那些令人不安的焦虑念头,来改写大脑皮层的神经传导路径;我们借助真实的体验与经历,改写杏仁核对刺激的固有反应模式。这两者都需要练习。这里所说的练习,不是浅尝辄止,而是需要投入大量的时间和精力。

事实上,人们之所以难以战胜焦虑,最主要的原因就在于缺乏足够的练习。正如逃避会加剧焦虑一样,对焦虑放任不管,情况只会越来越糟。在大脑皮层和杏仁核中建立新的神经通路需要漫长的时间。这一过程有时会很艰难,女孩们可能会时常感到恐惧。但请记住，恐惧，恰恰是一个积极的信号，意味着她的练习和努力正在发挥作用。继续坚持，她一定能做到的！

解决问题

有时，真正阻止我们脚步的，并非内心的担忧，而是他人，或者是我们对他人看法的在意。

也许是怕自己不小心冒犯了别人。
也许是怕别人不再觉得自己友善。
也许是怕别人觉得自己很古怪。
也许是怕自己给别人惹出更多麻烦。
也许是怕别人不愿跟自己做朋友，就此失去友谊。

几年前，一个女孩曾跟我感慨："有时候，让别人替我拿主意，比自己绞尽脑汁思考轻松多了。"一旦我们总是被别人的想法裹挟，生活在种种"也许"之中时，就等于放弃了自主思考和解决问题的权利，让别人替我们思考，还让别人帮我们解决问题。或者，取决于人和事的不同，我们总是让别人拖延了自己正面问题的机会。

我希望你的女孩能找到自己的声音。

研究表明，主动解决问题已被证实能降低患焦虑症的风险。以我对身边女孩的了解，问题通常不是出现在我们缺乏解决问题的能力上，而是我们对自己解决问题的能力不够自信。

我猜，她可能也对自己解决问题的能力缺乏信心。或许她并不是真正缺乏信心。至少，她一个人的时候还挺有底气，可一旦和朋友、恋人或者父母相处，就容易瞻前顾后，有点困难了。

女孩子直觉敏锐，这是我们最棒的天赋之一——但正如那些老式的 45 转唱片的反面一样，这也是我们最糟糕的困扰。我们能敏锐地察觉到有人不喜欢我们说的话，我们能感觉到有人可能不喜欢我们，我们心里清楚别人期待我们说什么、做什么。正因如此，我们尤其容易自我怀疑，把思考和解决问题的权力交给他人。

我希望她能找到自己的声音。

如果此刻要我说出写这本书的目的，那就是希望女孩能勇敢发出自己的声音，并且对自己解决问题的能力充满信心。但更重要的是，我希望她相信，有一种源自内心深处的强大力量在引领着你，为你指明方向。她或许能从内心深处感知到它的存在——可能是偶然的一丝触动，暗示着她前行的方向、需要做出的选择、在特定时刻该如何表达，以及在特定情境中她想成为的人。

第六章　呵护女孩的心灵

我期待她能勇敢表达出自己的声音。我希望她相信，是源自内心的强大力量在引领着她。我见过太多缺乏这份勇气的女孩。她们不相信自己的想法有独特的价值，也不相信、不敢去追随内心深处隐隐感知到的那股力量的指引。于是，她们只能在无数的不确定中徘徊。这里有一个方法，我坚信当她遭遇问题时，它能助力她勇敢地表达自我。我希望她可以问问自己以下这些问题：

- 这股内在的力量期望我怎么做？
- 关爱他人具体体现在哪些方面？
- 尊重自己的信念和珍视自我体现在哪些方面？
- 在这件事情上，我想成为什么样的人？

我由衷地相信，只要她认真思考并回答这四个问题，她就能勇敢表达自己的想法。她会从灵魂深处感受到这股勇气的力量，以及它引领她的方向。说实话，作为一名心理咨询师，我最常依靠的就是内心的力量和感觉。当我在办公室与来访者交流，却不知道该说什么或做什么的时候，我常常能感觉到内心深处的那一丝触动。随着岁月的沉淀，我愈发笃定地相信这股触动的力量。我坚信，这正是源自内心深处的强大力量在为我指引方向。它希望我能勇敢表达自我，也希望你能做到。

"忧虑私语怪"处心积虑地要阻拦女孩们。它妄图让你陷入沉默，妨碍她去做勇敢之事，阻止她进行练习，不让她倾听自己的情绪，更不希望她将这些情绪转化为实际行动，还竭力压制她表达自我的渴望，不让她去找寻真实的自己，成为自己。实际上，这就是本章的核心要义：聆听内心的声音，并付诸行动，勇敢去做。相信有一种强大的内在力量在引领着她，而且它早已战胜了"忧虑私语怪"。关于这点，我们之后还会探讨。

　　与此同时，我打心底里为她感到骄傲。你瞧，她已经靠自己掌握了认知行为疗法中大部分的核心方法。她已然在重塑自己的大脑皮层和杏仁核，通过阅读、思考与实践，勇敢地迈出了步伐。甚至在练习册的字里行间，她也在表达自己珍贵的想法。在这段勇敢的旅程中，我满心期待地想要见证她接下来的成长和蜕变，尤其是当我们要在下一章探讨承托着每一份理解与帮助的希望之时。

　　思考一下，读了这一章，有哪 5 个要点让你觉得特别有收获，想要铭记下来的？

要是和你的女儿聊天，你最想和她分享的 5 件有用的事是什么？

记住这几件事，女孩会更勇敢

- "忧虑私语怪"针对心灵的诡计包括：追求确定性，贪恋舒适感，执着掌控权和习惯逃避。
- "忧虑私语怪"蛊惑她，让她坚信除非她对他人的期望、未来的走向以及各种事情都了如指掌，才能真正获得安全感。然而，它却忽视了一个基本事实：在这个充满变数的世界里，我们根本无法对所有事情做到绝对确定。
- "忧虑私语怪"会尽全力说服你要不惜一切代价寻求舒适。它会说："别做让她感到不舒服的事情，处于舒适区是消除焦虑的唯一办法。"但真相却恰恰相反：真正帮助我们战胜忧虑的，是勇于走出舒适区，直面内心的恐惧，大胆尝试和冒险。
- "忧虑私语怪"告诉我们，除非能掌控一切，否则我们就过不上好日子。但我们不可能掌控一切，所以这种欲望会让我们处于恒久的焦虑状态。还好，比我们自身更睿智的自然法则掌控着一切。
- 面对恐惧，逃避看似是延缓焦虑的办法，但恐惧不会因为逃避而消失，一件可怕的事会引发连锁反应，衍生出另一件更可怕的事，接着再变成下一件。忽然之间，我们会发觉自己在逃避的过程中赋予了忧虑过多的能量，让它限制并定义了我们。因此，逃避只会加剧焦虑。

- 呵护心灵的勇敢武器包括：积累丰富的情感表达词汇，反复练习"勇敢阶梯"，使用奖励机制，坚持练习以及相信自己解决问题的能力。当她勇敢行动时，一定会拥有更棒的自我感受。
- 如果我们不会通过健康且恰当的方式释放情绪，那么被压抑的情绪就会寻找其他途径宣泄。担忧和焦虑往往就是它们最常选择的出口。
- 要想从根本上改变杏仁核的反应模式，唯一有效的方法就是通过亲身体验——勇敢地去做那些让她害怕的事情。"勇敢阶梯"就是一种非常实用的方法，它把艰难的任务分解成一个个微小且易于掌控的步骤，在逐步克服恐惧的过程中，还能不断获得相应的奖励和惊喜。很多人之所以无法战胜焦虑，最主要的原因就是缺乏练习。

Brave
A Teen Girl's Guide to Beating Worry and Anxiety

烦恼

振作勇敢之心

战胜困难

第三部分

希望

第七章
烦 恼

让我们一同回溯到你的女儿读小学四年级时的纯真时光。闭上眼睛，试着勾勒这样一幅画面：周日清晨，小小的她安静地坐在长椅上，阳光透过教堂的彩色玻璃窗，洒在她身上；或是在学校体育馆里，参加热情洋溢的校友返校节集会。那时的她，身着怎样的衣裳？身旁相伴的又是谁？此刻，将思绪再拉远一些，想象下她当年觉得学校里最酷的高中女生。她们正步履轻盈地从你女儿身边走过，穿着俏皮又可爱，周身散发着自信的光芒，那种由内而外的笃定，仿佛整个世界的烦恼都与她们无关。正因为她们的世界看起来如此美好自在，所以你年少的女儿在憧憬未来时，怎么也想不到，等自己步入青少年时期，烦恼会接踵而至。

其实，这就如同我们在展望人生的每一个新阶段时的心境：

等我升入初中，生活就会翻开崭新的篇章，一切困难都会迎刃而解。

至少等我上了高中，女生之间那些关于小事的纠葛，还有琐碎的"剧情"都会成为过去式。

等我上了大学，会迎来全新的生活，还能结交到真正志

第七章 烦 恼

同道合的挚友。

等我步入婚姻,便能被爱包围,时刻沉浸在梦寐以求的甜蜜与温暖之中……并始终如此。

等我迎来新生命,拥有自己的孩子,我的人生会瞬间被赋予沉甸甸的意义,有了明确的方向和无尽的动力。

如此这般,周而复始。我们总怀着美好的希冀,不期待会遇到麻烦。然而,当我们终于抵达人生的某个阶段,不管这个"某个阶段"是什么,麻烦会再次如期而至,或是新的困难扑面而来。

就在不久前,我还曾说过,年轻一代的孩子对于生活中的麻烦缺乏足够的心理准备。我在美国巡回开展的家长研讨会上,向父母直言,孩子的问题很大程度上是我们成年人的过错。作为大人,我们身穿印着"尽享极致生活"和"今天棒极了"标语的T恤,在社交媒体上使用类似的热门话题标签,营造出一种生活总是一帆风顺的假象。我向你们指出,我们这样的行为其实是在坑害孩子们,因为她们从未意识到生活中麻烦无处不在。她们的期望被设定得过高,以至于一旦出现波折,就会自我怀疑,觉得是自己或是生活出了根本性的问题,而没有意识到麻烦本身就是生活的常态。

如今，麻烦对于我们许多人来说已变得更加显而易见。此刻，我正坐在自家的门廊上，身处疫情的阴霾中，人们戴着口罩匆匆而过，怀着对未知风险的忧虑。今年春天，纳什维尔遭受了强烈风暴的袭击，不仅如此，我们还亲眼目睹了发生在本地以及美国各地可怕的种族暴力事件。我们正经历着许多前所未有的困难，这样的麻烦是我们任何人都未曾预料到的。

现在，我希望你能写下 5~10 条，女儿在小时候你曾憧憬自己长大时，期待会在自己生活中成真的事情。

我猜想，你女儿如今的生活经历或许与儿时的期待截然不同。咱们再深入剖析一下，此刻，我希望你写下她真实的生活状态。**花点时间思考一下，对照之前你对她的每一个期待，如实记录下与之相关的当下生活的真实模样。**

第七章 烦 恼

　　我虽不清楚你的女儿具体写了什么，但凭借这些年与无数和她年纪相仿的女孩交谈的经验，我大概也能猜到一二。再次强调，无论她此刻的感受如何，也无论她对生活变成了现在这样感到多么意外，她都绝不是孤单一人。

　　曾经，她希望能够摆脱内心深处的那份局促与不安，然而，那种不安的感觉却还是频繁地冒出来。

　　曾经，她期待自己成为青少年后，便能清晰地认识自我，可现实却是，她仍在这条道路上磕磕绊绊地摸索。

　　曾经，她憧憬着能成为一个自信从容的人，可如今的她依旧满心犹疑，甚至充满不确定感。

　　曾经，她幻想着身边能有很多人陪伴，可事实上，大多数时候，她依然形单影只。

　　我希望她对生活中的困难和烦恼有所准备。不管她现在身处何处，也不管她即将步入人生的哪个阶段。当她此刻坐在房间听你和她讲关于这本书的内容时，它就像在对她亲口说这些话："在世上，你会遇到麻烦。"其实，她在与朋友、家人相处时遇到的问题，还有她内心的困扰，都是正常的。她会碰到麻烦的，对此要有心理准备。

　　接下来，我要列一个清单，告诉她我希望她内心能有所预期的事。

女孩可能会在交友上遇到麻烦。她也知道，有些女生十分善变。在女孩的人生里，会有一些朋友，关系时好时坏，他们算不上真正的朋友。善变的女孩长大以后，又会变成善变的女人。不过，她要期待在人生路上能遇到几个值得信赖、能让她安心的朋友。他们可能会在她意想不到的时候、或者意想不到的地方出现。要维系这些友情，得付出努力。她可以要主动去寻找朋友，用心去经营，让这份友谊长久。

不过，更多时候，她得独自面对一切。就算她有一帮贴心的好朋友、一个好伴侣，还有家人陪伴，还是会时不时感到孤单。没有哪个人，无论是朋友、伴侣还是孩子，能完全满足她的所有需求。她可以拥有幸福美满的婚姻，但这同样需要她用心经营；她可能会有优秀出色的孩子，不过他们有时候也会把她气得抓狂。她还要预料到，家庭生活里也会有麻烦，哪怕是那些看起来关系亲密、近乎完美的家庭，也一样会遇到问题。

我希望女孩们对困难有心理准备。同时还有其他一些事，是她们可以期待的。

在人生道路上，你的女儿会交到真挚的朋友，尽管他们可能不是人群中最受追捧的存在。

每次挑选朋友时，善良永远比耍酷更重要。

第七章 烦 恼

就算是最好的朋友，偶尔也会伤她的心，或者在某些时刻冷落她。

学会处理矛盾，比拥有一段从不产生分歧的友谊重要得多。

她生命中的每一段重要关系，有时都会面临艰难时刻。

不是每一场生日派对都会邀请她。

她不是某人的挚友，不代表她不是其他人的朋友。每个人都有几个最亲近的伙伴。

有的人确实是真心爱她，但同时也会让她伤心。

没有完美的朋友。

没有完美的男生，更没有完美的十几岁男生。

每个大学生都会感到孤独，都曾觉得自己选错了大学，有时还会希望能转学。

没有完美的婚姻。

每份工作都有难熬的时刻，不要让她认为自己当初选错了职业。

为人父母很不容易。她会疯狂地爱着自己的孩子，但当暑假结束时，她也会松一口气。

在人生的每个阶段，她都会时常担忧。她会为心目中最重要的人和事忧心，有时也会为那些无关紧要的事情发愁。

她常常会难过、生气和受伤,甚至每天都如此。但这些情绪并不能定义她。能够定义她的是她自己。

她永远不会做到百分之百的自信。

她可以同时感觉既勇敢又恐惧。

她会失败。在她的一生中,她会经历或大或小无数次的失败。

她的失败同样不能定义她。

她总是会觉得自己有问题。她会觉得自己是唯一＿＿＿＿或者唯一不＿＿＿＿的人。事实上她并不是。

她就是命运希望她成为的那个人,虽然大多数时候她不这么觉得。

在这个世界上,她会遇到很多麻烦,而且麻烦不断。但她总能心怀希望。

麻烦并非事情的终结。在这个世界上,我们既会遭遇麻烦,也会历经苦难,但是苦难也能孕育出美好的事物。事实上,咱们可以来做个小试验。**我希望她能结合一个真实生活中的例子去体会。其实,我可以先讲讲我的经历,然后她再分享你的。**

我经历过的一次苦难是面对我父母的离婚。

第七章 烦 恼

　　它教会我忍耐：我从未经历过那么艰难的事情。我从中明白，我能挺过那段黑暗的时光，并且依旧可以好好的。我能够忍耐。

　　它塑造了我的品格：我意识到自己比想象中更强大，变得更加坚毅。

　　它给予我希望：如今，我每天都在帮助那些正在经历父母离婚，或是正在遭受某种痛苦的孩子。因为我曾品尝过痛苦的滋味，所以更能感同身受地给予帮助。

　　下面，轮到你了，我想看看你的分享。

　　我经历过的一次苦难：

　　它教会我忍耐：

它塑造了我的品格：

它给予我希望：

即便当时我们浑然不知，但在历经艰难时，美好总会悄然发生。研究表明，在所有经历过创伤的人中，有多达 70% 的人都拥有了深刻且积极的转变。我敬重的两位心理学家称，逆境会培养出更多的"坚毅和韧性"。我想，你的女儿肯定也会因自己经历过的创伤或痛苦，而变得更加坚毅。于是，她也因此塑造了更好的品格，收获了更多希望。

我最喜爱的作家弗雷德里克·布赫纳这样说："这就是你的

第七章 烦 恼

人生。你本可能从未存在,但你确实在这世上,因为这场生命的盛宴缺你不可。这就是世界。美好与苦难会同时降临。"

在这世间,我们都会有烦恼和忧愁,但内心的力量会帮我们战胜困境,请让她带上自己勇敢的一颗心,去生活吧!

记住这几件事，女孩会更勇敢

- 在这个世界上，每个人都会遇到麻烦。
- 要对必然降临的麻烦和不期而至的忧虑有心理预期。
- 有时，我们之所以焦虑，是因为对他人、对自己，乃至对世界抱有不切实际的期望。当我们遭遇麻烦时，会觉得自己有问题，或是生活偏离了正轨。
- 苦难造就坚韧，坚韧塑造品格，品格带来希望。换言之，苦难终将在我们每个人身上孕育出美好的改变。
- 科学研究也为这一观点提供了佐证：研究表明，经历创伤有时反而能让人变得更加坚毅，更具韧性。

第八章
振作勇敢之心

读到现在，恐怕你会想，身为一名当今时代的十几岁的少女，日子过得可真不轻松，对此你是不是也能体会到？

接下来，我们不妨来梳理一下已经了解到的现状：

- 生活压力重重，将她紧紧束缚。要事事完美，学业与事业都成功，保持外貌美丽，甚至在社交媒体上，还得费尽心思得到朋友与粉丝的热情回应。
- 当男孩的世界出了问题，他会归咎于他人；而当女孩的世界遭遇挫折，她会责怪自己。
- 女孩常常会为那些根本不在自己的掌控范围，或者根本就不该被指责的事情而自我苛责。
- 身体的成长蜕变，带来了一系列复杂的变化，让女孩的情绪也随之起伏。
- 在青春期，大脑的发育同样在悄然进行，可这一过程却伴随着记忆力减退和自信心下滑。
- 为了维护他人眼中温柔、善良、讨喜的形象，女孩们常常选择压抑或深深藏起内心真实的愤怒、失望和恐惧等情感。
- 青春期的到来，好似一场无声的风暴，让许多女孩在不经意间失去了表达欲，任由别人替自己思考和做决定。
- 据统计，女孩们陷入担忧与焦虑情绪的概率，是男孩的两倍。

生活满是艰难坎坷，但此刻，你要告诉她：请带上自己的勇敢之心振作起来吧。实际上，这也是源自内心深处的力量，对她默默地指引。

到底是拥抱勇气，还是羞耻感？

我还想跟你的女孩分享些别的事。你可能已经注意到，我经常在面向家长的教育研讨会上发言。大多数时候，我会和我的伙伴大卫一同出席，我们共事长达 25 年，他就像我的亲兄弟一般。我们在台上发言时交流互动，你来我往，趣味十足。他主要讲男孩成长的那些事，而我主要讲女孩成长的那些事。毕竟，他日常打交道的大多是男孩，而我更多接触的是女孩。这么说来，我的工作显然有意思多了。你能想象为一个十几岁的男孩做心理咨询，还得让他敞开心扉去交谈，那得有多难吗？

言归正传，我们开设了一门名为《养育男孩与女孩》（*Raising Boys and Girls*）的课程。课上，我们剖析了男孩和女孩成长过程中的四个独特阶段。讲述时，我们会交替进行，男孩成长的第一阶段、女孩成长的第一阶段；接着是男孩成长的第二阶段，依此类推。我们会探讨在每个阶段，男孩女孩分别会成为怎样的人，又有着怎样的需求。到现在，这门课我们已经一起讲授了数千次。

大卫讲到过一个即将步入青春期的男孩。在男孩青春期来临前，他的父亲就提前找到大卫谈心。然后，父亲告诉男孩了一件未来在他身上必然会发生的具体事情（这里我就不直白说了，以免大家觉得尴尬）。这位暖心的父亲对儿子说："不管这件事什么时候发生，你都要叫醒我。哪怕是半夜也没关系，我想和你一起感受这份喜悦。然后我还要请你出去吃顿牛排大餐，好好庆祝一下，你已经成了一个真正的男子汉。"

这个故事是不是听起来很棒？这是多酷的一位父亲啊！我很好奇，听了这个故事，你对自己的成长有怎样的思考？

有一天，我和大卫讲完课，一位女士走上前来，说道："我想跟你们讲讲我的经历，我之前听过大卫讲的课，"她接着说，

第八章　振作勇敢之心

"其实，我听过他讲的那个父亲带儿子吃牛排大餐庆祝的故事。我决定在我女儿身上也试试这个办法。"原来如此！这下，你大概能猜到后续了。她接着说："我把月经是怎么一回事，还有她身体即将经历的变化，都跟女儿讲了。我对她说：'宝贝，等那个时刻降临的那一天，咱们就去逛街购物好吗？我想和你一起庆祝，你即将要长大，成为一个成熟的女人了。'"

"真的吗，妈妈？"女儿疑惑地问道，"我们真的要去庆祝我流血这件事吗？"

现实情况就是如此。我觉得她女儿的回应，恰恰反映出我们很多人内心深处的真实想法。

对于成长为一名女性这件事，你认她有怎样的感受？

"女人"这个词，在她心中又有着怎样的含义？

当我向一群高中心理咨询小组的女生提出了同样的问题，你们猜，她们是怎么回答的？

"呃⋯⋯这个嘛⋯⋯"

"我们也不太清楚。"

"我特别期待当妈妈。"

"我可没有讽刺你们的意思,就是想问问,成为女人到底有什么值得期待的呀?"

这问题问得太好了,我觉得特别值得深入探讨。你看,男孩们对长大成人满怀期待,在他们眼里,当个男子汉超酷的。成为男人意味着强壮、勇敢、威风凛凛,仿佛还应该有激昂澎湃的背景音乐相伴。

可女生呢,有的女孩一想到要成为女人,心里就有点复杂,一方面觉得是好事,可另一方面又隐隐感到不安。成为女人到底意味着我们能做些什么?有人说能成为妈妈,这听起来确实很棒。可要是有一天你没成为妈妈,又该怎么想?

我觉得这有点像月经初潮,明明是好事,是成长必经的阶段,可不知道为何,在成为"女人"这个过程里,也暗藏着一丝难以言说的羞耻感。也许你曾经有过这种感觉,说不定现在还在为此烦恼。说实话,我们好像很少去憧憬成为女人会有多美好,更别提会有激昂的背景音乐了。

我真心希望能改变这种状况,希望有一天,当我们迈向成熟女性的道路时,也能有热烈又美妙的旋律相伴。愿她能充满

第八章 振作勇敢之心

期待，拥抱成为女人的每一刻。我相信，她的奶奶、妈妈、阿姨，还有身边所有关心你的女性长辈，也都盼着她能这样，自信又快乐地长大成人。

女孩们有没有想过，为什么"成为女人"这个念头，总会和羞耻感扯到一起？

即便她对自己的头发、鼻子，或是双腿不满意，都要相信，自己是如此独特且珍贵。

她还拥有强大的力量。她凭借自己的努力和练习了解了认知行为疗法，成功地从各个方面把内心那个总是制造焦虑的"忧虑私语怪"击退！她勇敢地袒露真实的自己，以无畏的勇气和信念，直面脆弱。

《今日心理学》的一篇文章指出，女性对美与卓越更具鉴赏力，天性善良，珍视亲密关系，也更乐于并能够自然而然地表达感激之情。还有另一项研究表明，人们普遍认为女性更具"同情心和同理心"，是出色的领导者。

在所有对她的描述中，我最喜欢的，大概就是她能够笑对未来。女性心中的许多美好，你的女儿如今已拥有，而且随着年龄增长还会不断增多。未来有太多值得期待的事情了。当然，生活中难免会遇到困难，但她可以振作起来，勇敢地笑对未来。她已经有一颗既果敢又可爱的心，这颗心会引领她以自己独特的方式，成为像支柱一样可靠的人。我坚信，这样一颗心也注定会让她在这个世界上留下深刻的印记。

振作女孩的勇敢之心

我一直都很钟情于"振作勇敢之心"这个概念。我想我喜爱它，是因为它听起来温暖有力又令人宽慰……这和我们女性所具备的特质不谋而合。这个短语背后想表达的是拥有"果敢而自信的勇气"。而这，也正是你在阅读这本书的过程中，我始终希望女孩们践行的品质。

不过，我可不希望"振作勇敢之心"听起来像是一种压力。在我看来，"振作勇敢之心"并非是女孩必须努力奋起迎接挑战。它意味着她要带着自己本就拥有的那颗果敢无畏的心，勇敢地闯荡世界。这意味着她要成为一股不可阻挡的力量，去对抗生活中那些让她忧心忡忡的声音。她有这个能力做到，因为她自身已具备了所需的一切。我想提醒你，她已然拥有一些特质，在与内心的焦虑之声抗争的这段旅程中，这些辅助对她格外重要。实际上，在我多年为女孩们提供心理咨询的过程中，我认为有6样东西是她在这段旅程中最不可或缺的。我相信，以下这6个要素合在一起，就是"振作勇敢之心"的真正内涵。

拥有团体支持

我们都明白，维系友情并非易事，所有的人际关系皆是如此。但我们彼此需要，而且离不开社群的滋养。当身边有人与你的女孩一同振奋勇敢之心时，这个过程便会轻松许多。让她和朋友、父母或是心理咨询师倾诉烦恼吧，在对抗内心焦虑的征途上，千万别独自硬撑。她需要同行者为她加油打气，这也是我在这本书里有幸为她做的事。现在，我对她有更多期许。我希望她身边有几个值得信任的人，有的和她年龄相仿，有的人生阅历更为丰富。我还希望她拥有志同道合的伙伴，他们了解她，换句话说，是她对他们打开了心门，允许他们走入她内心。

寻觅这样的挚友并非易事，接纳命运安排中出现的人。即便找到了，也要记住，他们偶尔也会有做得不尽如人意的时候。我记得有个女孩在心理咨询时对母亲说："我只是渴望被恰到好处地爱着。"其实，这是我们共同的心愿。我们都希望，爱能够以最契合自己的方式，时刻围绕身旁。虽说我们难以做到尽善尽美，但在人生旅途中，她一定会邂逅一些真心愿意努力去爱她的人，始终在她身旁为你加油。他们具备友情中最重要的特质，比如忠诚和善良。在心理咨询领域，我将这类朋友称作"阳台朋友"。这个名字来自于我很久之前读过的一本书。想象一下，在人生赛道旁的阳台上，站着一群"阳台朋友"，一路为她加油喝彩。当然，我们也会拥有"地下室朋友"，他们在女孩奋力奔跑时，妄图抓住她的脚踝，绊她一脚。除此之外，正如有一个和她年纪相仿的女孩说的，我们还拥有"过山车朋友"。和他们的关系就像坐过山车一样忽上忽下，起伏不定。相信你对这类人并不陌生。

想想看，在她现在的生活里，谁是拖她后腿的"地下室朋友"？谁又是与她关系忽冷忽热的"过山车朋友"？而那些给予她温暖支持的"阳台朋友"又有哪些？

地下室朋友	过山车朋友	阳台朋友

生活中，有几个"过山车朋友"在所难免，但真正重要的是"阳台朋友"。他们为女孩们加油鼓劲，在各自的人生旅程中，和她一同振奋勇敢之心。她能与他们分享烦恼，他们也总

能引导她回归理性。这才是真正的团体。而在组成这样团体的人中，有几个真心与她携手振奋勇敢之心的"阳台朋友"便已足够。

秉持真理

或许女孩还未曾察觉。在这几年，她的情绪与自信都会起伏不定。她会觉得自己像茫茫大海上的一艘小船，随波逐流。此时，有两件事很重要：

1）让她与一两个或几个信赖的人交流，也就是她的亲密社交圈子。

2）始终坚守真理的阵地。

要是她曾好奇一名心理咨询师的工作内容是什么，那么我告诉她，就是这样。这就是我每天的日常。我与女孩们相处，倾听她们倾诉内心的想法和忧虑，引导她们回归真理的怀抱。真理恰似坚固的锚，稳稳地锚定心灵。

她可能一天甚至一小时内就会感受到千头万绪的情绪涌动。我希望她能尽情感受这些情绪，正是它们，赋予了她满腔的热忱。然而，仅仅因为她产生了某种感觉，并不意味着它就是真理。她的感觉可能会唤醒在心底里悄悄诉说的"忧虑私语怪"。

它的言语可能会迅速从"看到朋友们在社交媒体上分享的聚会照片，而我却未被邀请，这让我心里很不是滋味"，转变成"他们根本不想让我参加"，再到"他们甚至都不想再和我做朋友了"，最后发展为"我已经没有朋友了"。感觉很容易在瞬间演变成不实之念。严格来说，这些还不能被称为谎言。正如我的一位朋友所言，它们更像是基于当下担忧情绪的臆想。这些臆想在我们的脑海中滋生，让我们的情绪愈发激动，因为我们误将这些臆想当作了真理和事实。这就好比回到"焦虑大脑101基础课"中提到的，我们的大脑皮层吓到了杏仁核，错误的信号让杏仁核陷入了恐惧反应。

尽情去感受这些情绪吧。将内心的想法倾诉出来，可以写在附增的日记本上，也可以画在上面。就像我们之前探讨过的，情绪需要找到宣泄的出口。但在宣泄之后，我希望她能够回归到真理的指引之下。这时，朋友的作用就凸显出来了。母亲也可以，或者像我这样的人也能提供帮助。她需要的是一个愿意先耐心倾听，然后引导她思考"现在，告诉我什么才是事实"的人。在上述提到的场景中，真实的情况或许是：我可能不是他们最亲密的朋友。但我知道他们有时会邀请我。我还有其他亲密无间的朋友，比如说埃拉就总是叫上我。她是我最贴心的挚友。而且我肯定，生活总会给予我温暖与善意。这就是真理。

第八章　振作勇敢之心

真理能抚慰我们的心灵，赋予我们勇气，让我们振作勇敢之心。

我们每个人都离不开真理的指引。我的朋友大卫曾说，感觉就好比是小朋友，你既不能把他们丢进后备箱里不闻不问，也不能任由他们掌控方向盘，肆意驾驶。对他们来说，最稳妥的位置，是乖乖坐在后座系好安全带。而真理，恰恰能帮你实现这一点。你的情绪固然重要，但真正拥有主宰力量的，是真理。下一次，当你的情绪如汹涌波涛般翻涌，将你卷入漩涡，让你疲于应对时，记得紧紧抓住真理这根稳固的锚，稳住自己。

此刻，你能想到哪三条真理想要传递给你的女儿？它们可以是关于自我认知的感悟，也可以是你从启迪智慧的书籍里学到的那些在今天看来仍格外重要的人生道理。

太棒啦！在这漫漫人生旅途上，请始终将真理当作坚固的锚，紧紧握在手上。它不仅会坚定信念，还会为那颗炽热又可爱的心，赋予源源不断的力量。

心怀感恩

霍普敦,想必是世界上最洋溢着感恩氛围的地方之一。对孩子们而言,除了与人为善,学会感恩大概就是我们最为看重的一条准则。不管是有人精心为你烹制一顿美食,或是有人驾船牵引着你在水面的浮筒上尽情驰骋,又或是某人在打饭时礼让你排在他前面,我们都要将"谢谢"二字常挂嘴边。多年前,有人曾对我说过一句话,令我至今难忘:"魔鬼无法在一颗感恩的心中栖身。"回顾一下我们给那个不断制造焦虑的"忧虑私语怪"起的名字,你就会明白,这其中蕴含着能让你安定内心的真理。一旦你的内心被感恩填满,"忧虑私语怪"便会失去它的力量。实际上,这也是我在研究中发现的一个重要结论——感恩与担忧就像两条永不相交的平行线,永远无法共存。人不可能在焦虑的同时还心怀感恩。不信你可以亲自试试,你会发现,在某一时刻,占据你内心的,只能是二者之一。

更奇妙的是,感恩还能促使大脑分泌更多的血清素,也就是我们常说的"快乐荷尔蒙",它像是神奇的心灵调节剂,为你的情绪注入活力,让你保持心情愉悦,还能有效减轻抑郁,调节焦虑情绪。

此刻，可以想一想，生活中有哪 5 件事，是你认为女儿会打心底里感激的呢？

我认识一群可爱的朋友，他们相互陪伴，在生活中共同践行感恩的仪式感；我还了解到有些温馨的家庭，会在一家人围坐在晚餐桌前的时刻，分享生活中的感恩趣事；还有些和你的女儿年纪差不多大的女孩，她们别出心裁地用日记记录下生活中的感恩时刻，日复一日地坚持着。在此，"践行"和"坚持"有着举足轻重的意义。

感恩并非与生俱来的本能。清晨醒来，我们中的大多数人并不会自然而然地涌起感恩之情。然而，只要我们坚持践行，就会在这个过程中感受越来越深。持续练习感恩的力量吧，这是女孩战胜"忧虑私语怪"的有力武器。它会让她的内心充满温暖与力量，助她振作精神。我相信，感恩的力量不仅能在当下为我们排忧解难，更能在日积月累中重塑性格，让我们成为遇事更懂感激、更少焦虑的人。

确定人生目标

如果女孩经常自我苛责,那是"忧虑私语怪"最爱用来攻击我们的手段之一。它常常在我们耳边低语,让我们陷入自我批判,对自己满怀怒火。"你做的那件事真是太愚蠢了""你怎么会说出那样的话""我敢肯定,他们一定觉得你很怪异""你肯定把事情搞砸了"……诸如此类的声音不绝于耳。

平息自我苛责的关键在于去爱。这就是我们的人生目标。道理如此简单,当我们全心全意为他人付出时,就不会再过分纠结于自身的问题。此时,关注点不再是我们自身的缺陷和失败,而是他人的需求。

秉持目标如同践行感恩一般,能够深刻地改变我们,也能成为我们的依靠。于我而言,更是如此。当我遭受伤害、心生愤怒,或是被生活中的重重困难压得几乎窒息时,我常常会问自己一个问题:"在这种情况下,我想成为什么样的人?"甚至是"命运的力量想要引领我成为什么样的人?"这些问题能将我从情绪的浪潮中拉出,帮我回归真理。而答案往往是:我想去付出爱。这是一个奇妙无比的循环。当我自我感觉极度糟糕时,若能通过付出或帮助去爱别人,我会发现,这恰恰让我重新找回了自信,对自己充满认可。这就是目标的神奇力量。

我衷心期望女孩们能找到自己的人生目标,领悟到是命运的力量引导她去爱，呼唤她去实现诸多美好之事。而这些，唯有你才能出色地完成。

珍视独属于女孩的那颗勇敢之心

正如我们此前探讨过的，在岁月的长河中，人很容易迷失真实的自我。女孩们或许也会有类似的感受。但我希望她永远不要弄丢自己的心。我希望她在这段认知勇敢自我的旅程中，聚焦于三件事：第一件，是学会勇敢地对抗如影随形的"忧虑私语怪"；第二件，是懂得如何更充分地展现最本真的自我；至于第三件，稍安勿躁，我们马上就会讲到。

小时候，我很喜欢邀请小伙伴来家里玩耍。起初，大家玩得不亦乐乎，可几个小时过后，我就会偷偷溜到妈妈身边，小声嘟囔："妈妈，跟＿＿一起玩真的很开心，不过他们什么时候回家呀？"

现在想想，一部分原因是玩得久了，身体有些疲惫。我厌倦了要时刻留意小伙伴们是否玩得尽兴，着实有些费神。但更深层次的原因是，我骨子里是个内向的人，需要更多独处的时间来恢复精力。那时的我，还总觉得是小伙伴们的某些行为"惹我心烦"，却没意识到问题的关键在于自己。如今回首往昔，我恍然大悟，原来一切都与我自己有关。成年后，我仍在慢慢领悟，当我感到疲惫不堪和情绪烦躁时，我就明白，这是内心的"机油警示灯"在向我发出信号。曾经我以为是外界因素导致的困扰，实则只是我性格的一部分。这没什么大不了的，并非我脾气不好，也不是对方惹人厌烦，只是我时不时需要一点属于自己的空间。这绝非自私自利，也不是不友善，恰恰相反，这样做能让我以更好的状态面对生活，成为更好的自己。

我们在人生目标与自我认知的天平上寻找平衡，去理解并践行能充实自己内心的事，让自己重新回归到追逐目标的道路上。

你已经了解到一些充实内心的方法。这些都能以独特的方式滋养我们的心灵，让我们重新回到关爱他人、寻找人生目标的道路上。但除此之外，肯定还有一些专属于女孩自己的充实内心的方法，也许是艺术，也许是跑步，也许是阅读，也许是独处，又或许是和知心的"阳台朋友"相聚。

那么，仔细想想，究竟是哪 5 件事，帮助你的女儿成为了更好的自己？

第八章 振作勇敢之心

这场振作勇敢之心、对抗"忧虑私语怪"、探索真实自我的旅程,将从女孩自身开启。当她对自己有了更透彻的认知,也更有助于你清晰地知晓自己正在成为什么样的人。我也建议她在闲暇之余了解一下九型人格。我在人生阅历中,接触过形形色色的自我认知工具,而九型人格无疑是其中最能带来帮助的。作家苏珊娜·斯塔比尔(Suzanne Stabile)的相关著作见解深刻,能引领你探索这一领域。当你洞悉内心,才能重振内心的勇敢。因为了解自己,即你成长与蜕变的原点。现在,咱们直接跳到最后,聊聊这段旅途真正关乎的最后一件事。

永远信任

我想聊的最后一点,或许是女孩觉得自己难以做到的事。我每天都会和与她同龄的女孩交流,女孩们总说,信任对自己来说很难做到。我懂,她曾被人辜负;也知道,她不确定自己到底能信任谁。但请相信,生命的力量始终值得你信赖。从根本上来说,正是这份力量给予我们爱,让我们有勇气振作起来。它战胜了世间的一切艰难险阻,也战胜了过去、现在以及未来的每一个"忧虑私语怪"。这就是我们能够满怀希望的原因。在这个世界上,我们会遭遇困境,但我们仍可以振作起来,改变一切。继续阅读下去,她能行的,因为它在守护着她。这一点,她可以永远相信。

记住这几件事，女孩会更勇敢

- 在这个世界上，女孩会遭遇困境，但她可以振作心灵。
- 有时候，女孩们承受的羞耻感多于相信自己的勇敢之心。那种羞耻感会影响你对成为一名女性的认知。
- 我们女性拥有的独特的能力，让我们兼具温柔与勇猛。它让你一颗强大、勇敢、可爱且坚毅的心，它希望女孩们带着这颗心去闯荡世界。
- 振作勇敢之心离不开团体的支持。女孩需要有其他女性与她一同面对，并时刻提醒她，她是多么勇敢！
- 秉持真理对这段旅程至关重要。她的情绪和"忧虑私语怪"会试图告诉她，她的生活是怎样的，但只有她才有资格定义自己的生活。请让自己锚定于生活的真理之中。
- 感恩与忧虑无法共存。所以，请时常怀着感恩之心去生活吧。
- 命运赋予你在这个世界上独一无二的使命——这不仅关乎你成年之后，当下也同样重要。人生目标带来的使命感能遏制自我苛责，让我们获得改变。
- 带上她的勇敢之心，命运正在呼唤她成为完整的自己。

第九章
战胜困难

使命感

命运的力量期待女孩能发挥自身价值。希望她能通过你领会到这一点。关于她人生的独特使命，只有她自己能够承担。实际上，在她未来的人生里，无论日常琐事还是重大事务，都有着无数使命等待着她。也许她会成为一位母亲，也许会成为一名作家，也许她会像我一样成为一名咨询师，又或许会成为引领众人的人。即便她经历过失败、内心有不安、充满担忧，但我依然期待着她用自己独特的方式去完成使命。

命运的恩泽

有一句我十分珍视的文字这样说："一切或许无关乎我们自身的作为。"我知道女孩们和我一样，是努力奋进的人。这也是我觉得我们会成为朋友的原因之一。有时候，她无需过度拼命和担忧，命运自会给她最好的安排，正所谓，尽人事，听天命。

有句话说得好："你感到疲惫了吗？精疲力竭了吗？对生活

的种种感到厌倦了吗？来到这里。与我一同前行，你将重获生活的活力。我会教你如何真正地放松。与我并肩同行，学习自在从容的生活节奏。我不会给你施加沉重或不合适的负担。与我相伴，你会学会轻松自由地生活。"

持续练习

是的，我仍依然希望女孩们能坚持练习，并且是在放松中练习。就像上文说的："与我并肩同行，学习自在从容的生活节奏。"她内心的力量一定会赢得这场挑战，大可安心去做。她仍在拼搏，但她是在使命的引领下前行。记住，我们每个人之所以无法战胜内心的焦虑，首要原因就是忘记了持续练习。她可能会在练习中犯错，也可能会取得一些成果，然后再犯错。但没关系，别放弃，继续尝试，内心勇敢的力量会助她胜利。

领悟自由的真谛

在这本书里,我们探讨了许多话题,但还有一件重要的事我差点遗漏:勇气并非诞生于恐惧缺席之时,恰恰是在恐惧降临时得以彰显。这意味着我们反复强调的一点:"忧虑私语怪"定会再度降临。当它再次出现时,我不希望女孩对自己懊恼,更别觉得自己失败。我希望她能这样想:那个讨厌的"忧虑私语怪"又来捣乱了。它之前没能打败我,这次也绝无可能。

再想想她钟爱的超级英雄。这些人物都是在战斗的磨砺中成为超级英雄。我们熟知他们,是因为他们在恐惧中依然勇敢。人们铭记的是他们的勇气,而非恐惧。她的勇气也是如此。当忧虑如期而至,我希望她能像彼得·帕克那样洒脱地耸耸肩,然后果敢地投入战斗。深知忧虑会来,但她能凭借那股强大的力量战胜它,这会让她体会到一种无与伦比的自由。除此之外,还有一件特别关键的事。

第九章　战胜困难

珍爱自我

不知你有没有看过纪录片《与我为邻》(*Won't You Be My Neighbor?*)，要是没有，我真心建议你在接下来几周找时间看看。小时候，我看罗杰斯先生主持的电视节目时，他就是我最喜欢的人之一。看过那部纪录片后，我对他的喜爱更是有增无减。罗杰斯先生一心致力于让观众感受到被爱。他有一首歌让我不禁联想到我对你的感受。歌里唱道："我喜欢的是你，不是你的外在，更不是掩盖你真实的外物"。

满怀真心，勇敢相信

我在研究中了解到，接受"忧虑会再次来袭"这一事实是焦虑的解药，也就是说，它能消除焦虑。我确实认为接纳焦虑很重要——这也是我们早已达成的共识。"忧虑私语怪"会卷土重来，但每一次，它的力量都会被削弱。而每次它回来，女孩都会变得愈发强大。她会不断挖掘出自身潜藏的无穷力量，越来越成为那个独一无二的、勇敢又迷人的女性。接纳焦虑固然重要，但我觉得，焦虑的真正解药另有其物。

跟你讲讲我为什么给我的狗取名叫露西吧。你看过《纳尼亚传奇 2：凯斯宾王子》(*The Chronicles of Narnia: Prince Caspian*) 吗？露西是这个系列书籍和电影里我最喜爱的角色之一。要是你的女儿还没看过这部电影，我强烈建议你现在就去看。真的，放下这本书，赶紧去看。

在《凯斯宾王子》里，台尔马尼亚军队正向阿斯兰的军队逼近。露西和象征着强大守护力量的狮子阿斯兰有一段对话。露西说："我希望我能更勇敢些"，因为露西也有自己的心魔，也就是"忧虑私语怪"。阿斯兰回应道："如果你再勇敢一点，你就成母狮子了。"画面一转，露西走上一座桥。桥的另一端，是露西和她的族人正在对抗的整支敌军。露西孤身一人走出去，拔出一把小刀。刹那间，阿斯兰就来到了她身旁。它与她并肩而立。

阿斯兰与她同在，是因为它深深关爱着她。无论是看书还是看电影，这一点都很明显。命运强大的守护力量也同样深爱着你，不过它对女孩的爱，是一种只存在于她们之间的独特联系。它如此喜欢她，以至于它不仅打败了"忧虑私语怪"，还为她战胜了绝望与困境。她可以比相信生命中的任何事物都更笃定地相信这个事实。这份信任让露西勇敢地走向那座桥，直面整支敌军，因为她知道自己并非孤身一人，她有阿斯兰相伴。

我们的祝福

你知道什么是祝福吗？它是在庄重时刻结束时给予的美好祈愿。这是我们的祝福，也是在这本书的结尾，在我们共度这段时光的最后，我希望女孩牢牢记住的真理：

- 她在忧虑的困境中并不孤单。
- 她的忧虑并不能说明她有什么缺陷。
- 有个"忧虑私语怪"正暗中窥探，想尽一切办法阻止她发现那个被独特塑造的自己。
- "忧虑私语怪"会攻击她的身体，试图发出虚假警报，让她觉得自己状态糟糕。
- "忧虑私语怪"会扰乱她的思想，试图让她觉得问题比她自身强大得多。
- "忧虑私语怪"会攻击她的内心，试图夺走她除了忧虑之外的所有感受。它还会向她传递"你做不到"的消极信号，无论"那件事"究竟是什么。但事实是：她完全可以做到。
- 在这个世界上，她会遭遇困境，但她可以振作精神，因为无形中珍视并爱护她的那股命运的力量已经战胜了一切艰难险阻。她要满怀信任、融入团体、心怀感恩、坚守真理，努力实现目标。

命运会和女孩并肩对抗"忧虑私语怪"。我能真切地感受到，它会来到她伫立的那座桥上，静静停在她身旁。那一刻，她手中的匕首会仿若一把无坚不摧的利剑。然后它会把温暖有力的"手"放在她的背上，微笑着。它会呼唤你的名字，说："你比任何可能降临的忧虑都要强大。你不会被忧虑、焦虑所定义，也不会被困苦和挣扎所束缚。你是由我的爱，以及你将带向世界的这颗勇敢又迷人的心灵所定义的。我与你同在。"

记住这几件事,女孩会更勇敢

- 命运凭借自己的力量创造并赋予女孩的使命。
- 命运希望她能发挥自身价值,有一份只有她能完成的使命。
- 勇气并非在恐惧消失时出现,而是在恐惧存在之中才得以彰显。
- 命运珍视她、喜爱她,而且是最真实的她。她可以完全信任这一点,而这份信念,是战胜焦虑的唯一解药。
- 这世间,她会遭遇困境,但她仍然可以振作自己的勇敢之心。